Gabriel García Márquez:
Der Beobachter aus Bogotá
Journalistische Arbeiten 1954–1955

Ausgewählt von Ricardo Bada und José Moral
Deutsch von Hildegard Moral

Deutscher
Taschenbuch
Verlag

dtv

Von Gabriel García Márquez
sind im Deutschen Taschenbuch Verlag erschienen:
Laubsturm (1432)
Der Herbst des Patriarchen (1537)
Der Oberst hat niemand, der ihm schreibt (1601)
Die böse Stunde (1717)
Augen eines blauen Hundes (10154)
Hundert Jahre Einsamkeit (10249)
Die Geiselnahme (10295)
Bericht eines Schiffbrüchigen (10376)
Chronik eines angekündigten Todes (10564)
Das Leichenbegängnis der Großen Mama (10880)
Die unglaubliche und traurige Geschichte von der einfältigen
Eréndira und ihrer herzlosen Großmutter (10881)
Die Giraffe aus Barranquilla (11355)
Die Liebe in den Zeiten der Cholera (11360)

Über Gabriel García Márquez:
Oscar Collazos: Gabriel García Márquez (11108)

Ungekürzte Ausgabe
November 1991
Deutscher Taschenbuch Verlag GmbH & Co. KG,
München

Titel der spanischen Originalausgabe:
›Obra periodística‹, Bd. 2 und 3: ›Entre cachacos‹

ISBN 3-462-01670-9
Umschlaggestaltung: Celestino Piatti
Gesamtherstellung: C. H. Beck'sche Buchdruckerei,
Nördlingen
Printed in Germany · ISBN 3-423-11459-2

Inhalt

Vorwort

Bei der chronologischen Anordnung der Texte von Gabriel García Márquez, die für diesen Band ausgewählt wurden, ergab sich unbeabsichtigt eine überraschende thematische Übereinstimmung zwischen dem ersten und dem letzten Text. Die erste Reportage berichtet von den Korea-Veteranen (das Bataillon Colombia, das in jenen fernen Breiten kämpfte), die ihre Orden verkaufen mußten, um essen zu können, die letzte schildert die Tragödie der kolumbianischen Kinder, die zur Kriminalität verurteilt waren, um überleben zu können. So sind diese beiden Arbeiten, Auftakt und Schlußpunkt, zur Klammer dieser Textauswahl geworden, die Gabriel García Márquez als Filmkritiker, Reporter und Verfasser von Glossen vorstellt.

Die vorliegende Auswahl umfaßt journalistische Arbeiten von Gabriel García Márquez von Februar 1954 bis Juli 1955 und erfolgte aus den beiden Bänden ›Entre cachacos I‹ und ›Entre cachacos II‹, die nach ›Textos costeños‹ (Deutsche Auswahl: ›Die Giraffe aus Barranquilla‹, 1984) als Band 2 und 3 der von Jacques Gilard herausgegebenen ›Obra periodística‹ 1983 bei Bruguera, Barcelona, erschienen. García Márquez lebte damals unter *cachacos* (Gecken, Stutzern), wie die Bewohner Bogotás von ihren Landsleuten an der Atlantikküste genannt werden. Er befand sich also außerhalb seines gewohnten Lebensbereichs, fernab von dem Hinterland an der Karibik, das in seinem ganzen erzählerischen Werk erscheint. ›El Espectador‹, die liberale Tageszeitung von Bogotá, stellte den jungen Journalisten und Verfasser der Kolumne ›La Jirafa‹ (›Die Giraffe‹) von der Tageszeitung ›El Heraldo‹ in Barranquilla ein. Er ist ein begabter Journalist, der das von den Eigentümern dieser großen Zeitung in ihn gesetzte Vertrauen voll rechtfertigt, vor allem durch eine Reportage, die vom 5. 4. 1955 bis zum 22. 4. 1955 erschien: ›Relato de un náufrago‹. Als Einzelausgabe wurde dieser Text in zahlreiche Sprachen übersetzt, in der Bundesrepublik unter dem Titel ›Bericht eines Schiffbrüchigen‹ (1982) schon veröffentlicht und deshalb, obwohl in den Kontext gehörend, nicht in diesen Band aufgenommen. Dieses journalistische Meisterstück allein hätte schon genügt, um dem späteren Verfasser der ›Chronik eines angekündigten Todes‹ allgemeine Geltung zu verschaffen.

Der Filmkritiker von ›El Espectador‹ (wörtlich: ›Der Zuschauer‹), der seine Artikel mit G. G. M. zu zeichnen pflegt, ist mehr als nur ein Zuschauer: G. G. M. beobachtet, wägt ab, zieht Schlüsse. Seine Arbeiten sind nicht brillant, wenn man sie an der Filmkritik jener Zeit in Frankreich oder in Italien mißt. Und wenn wir das 1954–1955 von García Márquez in ›El Espectador‹ geschriebene filmkritische Werk mit dem vergleichen, das ein anderer großer Schriftsteller, nämlich Graham Greene, ab 1935 in ›The Spectator‹ veröffentlichte, müssen wir gerechterweise sagen, daß Greene G. G. M. durch K.o. besiegt. Übrigens ein seltsames Zusammentreffen – Manen von Macondo! –, diese Identität der Titel beider Publikationen, in denen G. G. M. und Greene sich mit der Filmkunst beschäftigen.

Über die Filmkritiken des kolumbianischen Autors schreibt der Franzose Jacques Gilard, der verdienstvolle Herausgeber des journalistischen Werkes, in seiner Einführung zu den beiden Bänden von ›Entre cachacos‹ ohne Umschweife: »... ist es eigentlich *ungerecht*, jene Chroniken zusammen mit den Reportagen zu veröffentlichen, die mit vollem Namen unterzeichnet wurden. Das ist eine logische – wenngleich durchaus in Frage zu stellende – Folge des bei der Nachforschung angewendeten Kriteriums, wo es darum ging, alle unmittelbar identifizierbaren Texte chronologisch aufzunehmen, gleich ob sie mit García Márquez oder nur mit G. G. M. gezeichnet waren.« Das Wort *ungerecht* wurde von den Herausgebern dieses Bandes hervorgehoben. Warum *ungerecht?* Jacques Gilard spricht sich nicht weiter darüber aus... und tut gut daran, denn schließlich und endlich sprechen die Filmkritiken von G. G. M. für sich selbst und sind alle in den beiden Bänden von ›Entre cachacos‹ enthalten.

Die Herausgeber der deutschen Auswahl haben die Beispiele auf fünf beschränkt. Und diese Beispiele wurden gerade deshalb ausgewählt, weil sie so exemplarisch sind. So kann die Kritik von ›Umberto D.‹ ganz und gar als Synopsis von ›Der Oberst hat niemand, der ihm schreibt‹ angesehen werden. Oder als G. G. M. beinahe *ex cathedra* über eine mittelmäßige deutsche Produktion, ›Christine‹, schreibt, kommt er zu dem betrüblichen Schluß, daß der deutsche Film schon wegen der phonetischen Schwierigkeiten bei der Aussprache der Namen seiner Stars niemals universelle Bedeutung erlangen werde: was heute, da die Fassbinder, Schygulla, Schlöndorff und so manche andere sich am Filmfirmament festgesetzt haben, fast zum Lachen reizt. Oder daß G. G. M. ein Meisterwerk wie ›Johnny Guitar‹ schlechtweg links liegenläßt. Aber auch seine Treffer: ›Die Faust im Nacken‹ und ›Das Wunder von Mailand‹, die beiden anderen Beispiele, die wir in diese Auswahl aufgenommen haben. Ist es respektlos zu sagen, daß diese Auswahl dem Filmkritiker G. G. M. eine Gerechtigkeit widerfahren läßt, die er eigentlich nicht verdient?

Eine andere Sache ist der Reporter Gabriel García Márquez: Hier offenbart sich die Kraft des Autors der Bananenepisode in ›Hundert Jahre Einsamkeit‹. Seine Reportagen sind ein getreues Zeugnis dessen, was ein Mann gesehen, beobachtet und gedacht hat, der mehr und mehr als der Anwalt aussichtslos scheinender, aber womöglich doch zu gewinnender Fälle ideologisch Stellung bezieht. Zwar muß er unter dem Druck der Aktualität manchmal lange Interviews führen, bei denen seine Unlust zu erkennen ist: zum Beispiel mit dem kolumbianischen Torero Joselillo. Aber auch wenn er vom Verlag, der ihm sein Gehalt zahlt, zu solchen Interviews gezwungen wird, gelingt es ihm trotz seiner Unlust, nach und nach Sympathie für den Interviewten zu empfinden, und er erzielt ein wenn auch nicht hervorragendes, so doch würdiges Ergebnis: zum Beispiel in der Serie von Reportagen über den damaligen Nationalhelden von Kolumbien, den Radrennfahrer Ramón Hoyos.

Aber Tatsache ist auch, und deshalb lag beim Auswählen auch hier der Schwerpunkt, daß der Kontakt mit den bedeutungslosen Tragödien, wie man vielleicht sagen könnte, den Reporter García Márquez in eine Situation stellt, in der er das Beste aus sich herausholen muß: die ständige, ununterdrückbare und tiefe Abneigung gegen alles, was ungerecht ist, und ganz besonders gegen alles, was der Ungerechtigkeit stattgibt und sie mit einem (bürokratischen) Schutzbrief versieht. Bestimmte Verhaltensweisen kolumbianischer Behörden, denen der Reporter García Márquez mit Fragen zusetzt, erinnern an die grausame Banalität des Nazi-Alltags; es werden Befehle ausgeführt.

Der dritte und letzte Aspekt in diesem zweiten deutschen Auswahlband aus dem journalistischen Werk von Gabriel García Márquez ist der des Glossenschreibers. Hier finden sich wohl, neben dem ›Bericht eines Schiffbrüchigen‹, die besten literarischen Ergebnisse jener Zeit. Aber hier arbeitet García Márquez auch zum ersten und – vielleicht – zum letzten Mal in seinem

Leben *inter pares.* Der Stab der Glossenschreiber in der Zeitung ›El Espectador‹ war von außergewöhnlichem Rang, auch wenn die Namen der kolumbianischen Journalisten dem deutschen Leser kein Begriff sind. Gabriel García Márquez mußte in jener täglichen Kolumne, die nicht gezeichnet war, ein Qualitätsniveau aufrechterhalten, das zwei Forderungen erfüllte: Der Leser mußte erkennen, daß er es war, der schrieb, gleichzeitig jedoch konnte und durfte die Glosse nicht besser und nicht schlechter sein als die der übrigen ständigen Kolumnisten. Mit anderen Worten: Diese Kolumne wurde nicht von Hinz und Kunz geschrieben, sondern von einer ganzen Generation großer kolumbianischer Kolumnisten. Und daß er sich dort einzugliedern verstand, daß er sich in den Mechanismus einfügte, ist eine der großen journalistischen Leistungen von García Márquez. Aus jenen nicht-signierten Arbeiten, die Jacques Gilard mit Scharfblick und unendlicher Ausdauer ausfindig gemacht hat, haben wir deshalb nicht weniger als zwanzig Texte ausgewählt.

Die Auswahl wird durch eine kurze Reportage ergänzt, die – sozusagen *extra muros* – zum ›Bericht eines Schiffbrüchigen‹ gehört (S. 125), sowie durch eine Erzählung, die schon unter dem Titel ›Der Gast‹ in ›Die Giraffe aus Barranquilla‹ erschienen ist und nun, vier Jahre später, ›Ein Mann kommt im Regen‹ (S. 47) heißt. Aus den drei Seiten vom 19. 5. 50 sind am 9. 5. 54 fünf geworden: Und wer sich die Mühe macht, das spätere, viel spätere Werk von Gabriel García Márquez durchzusehen, wird feststellen können, wie jener kleine Samen üppig aufgegangen ist. Diesen Vorgang in all seinen Wachstumsstufen sichtbar zu machen, war eines der Ziele, das sich die Herausgeber der deutschen Ausgabe des journalistischen Werks von Gabriel García Márquez von Anfang an gesetzt haben.

ZUEIGNUNG: Lieber Pepe Moral, dieses Vorwort hätten wir wie das vorige zusammen schreiben und unterzeichnen sollen. Nachdem wir uns im März 1984 in jenem alten und unvergeßlichen Café der Calle Mayor in Madrid über die endgültige Auswahl geeinigt hatten, glaube ich, daß dieses nun von mir allein geschriebene Vorwort mit deiner Zustimmung hätte rechnen können. So widme ich es dem großen Journalisten, der du warst, dem Freund und Compañero.

Weiß/Köln, Oktober 1984 Ricardo Bada

Die Helden essen auch

Ein mit Orden dekorierter ehemaliger Koreakämpfer, der in Armenia ansässig ist, mußte seine Orden verpfänden. Er ist schon seit so langer Zeit arbeitslos, daß ihm sonst nichts mehr geblieben war, das er hätte verpfänden können. Die Meldung wurde von einer Zeitung hier in der Hauptstadt veröffentlicht, und ohne die Möglichkeit auszuschließen, daß sie richtiggestellt wird, hat sie der öffentlichen Meinung einen weiteren Anlaß geliefert, über das Schicksal der kolumbianischen Jungen nachzudenken, die in Korea kämpften.

Auch wenn die Nachricht, daß ein Veteran seine Orden verpfändet hat, richtiggestellt werden sollte – und um so schlimmer, wenn sie es nicht wird –, so ist es doch eine unwiderlegbare Tatsache, daß sich die Mehrheit der jungen Kriegsteilnehmer in einer wirtschaftlichen Lage befindet, in der die unoriginellste Idee die ist, in einem nicht nur unvermeidlichen und vorsorglichen, sondern auch düster symbolischen Akt seine Orden zu verpfänden.

Ein so bedauerliches und beschämendes Phänomen erfordert zumindest ein angemessenes und rechtzeitiges Eingreifen von offizieller Seite, das selbstverständlich nicht so weit gehen sollte, die Veteranen allesamt in den Ruhestand zu versetzen. Denn diese Maßnahme wäre nicht nur übertrieben, sie würde uns vor allem um jene edle nationale Institution bringen, wie es die als gewöhnliche und alltägliche Arbeiter gekleideten Helden sind.

Wenn die Veteranen keine anderen Überlebensmöglichkeiten als die Verpfändung ihrer Orden haben – was natürlich die einzig vernünftige Art und Weise ist, die Orden zu verzehren –, gehört es sich, daß der Staat die symbolische Ehrung durch Medaillen um die praktische Ehrung ergänzt, den Veteranen eine anständige Beschäftigung zu verschaffen.

Wir sind sicher, daß die Militärregierung eine passende Lösung für das Problem der arbeitslosen Veteranen finden wird. Dadurch würde ein vom vorigen Regime geerbter Zustand behoben, der hinsichtlich unmenschlicher und extravaganter Geschehnisse in dem übertriebenen und leicht surrealistischen Raffinement gipfelt, hinzunehmen, daß unsere Helden ihre Orden verzehren müssen.

20. 2. 54

Der Bruch ist unschuldig

Henry Green, ein Verbrecher aus Atlanta, hätte dem Urteil zufolge seit achtundvierzig Stunden tot sein sollen. Aber als der für die Hinrichtung festgesetzte Tag kam, fühlte der Verurteilte sich wegen seines Bruchs nicht wohl, und es steht einer zivilisierten Nation nicht an, einen Mann auf den elektrischen Stuhl zu setzen, der in Gefahr ist, aus einem anderen als dem von den Richtern bestimmten Grund zu sterben. Also hat der Gouverneur des Staates Georgia in einer zutiefst humanen Auffassung seiner Befugnisse die Wirkung des elektrischen Stuhls um zweiundzwanzig Tage verschoben, während derer die amtlichen Ärzte die Wirkung des Bruchs beseitigen.

Tojo erwies man die gleiche Gnade. Eine grausame Gnade, eine übermäßige Verfeinerung der humanitären Gefühle, die vor lauter Verfeinerung unheimlich werden. Es lohnt sich zu untersuchen, ob es grausamer ist, einen vom Bruch gepeinigten Henry Green auf den elektrischen Stuhl zu setzen, als einem vom elektrischen Stuhl gepeinigten Henry Green die Gelegenheit zu geben, in zweiundzwanzig Tagen von seinem Bruch geheilt zu werden.

Die langwierigen Bemühungen der Menschheit, die Henker zu zivilisieren, könnten gefährlich werden, wenn als Folge dieses Eifers die Henker am Ende allzu zivilisiert werden. Zwischen jenen barbarischen Holzhauern, die an die hundert Menschenköpfe abhackten, bevor sie sich an den Frühstückstisch setzten, und diesen gewissenhaften Beamten mit tadellosem bürgerlichen und verwaltungstechnischen Auftreten besteht natürlich ein gewaltiger Unterschied. Aber es wäre besser, wenn er etwas weniger gewaltig wäre, damit sich zum Beispiel die Gewohnheit verlöre, dem Verurteilten ein üppiges Abendmahl zu servieren, ohne ihm mildtätigerweise zu erlauben, an einer barmherzigen Verdauungsstörung zu sterben.

Ein Quentchen Primitivität würde der Todesstrafe vielleicht nicht schlecht bekommen. Zumindest würden sich so übertrieben zivilisierte Fälle wie der des armen Henry Green vermeiden lassen, der gewiß, um unbegrenzt am Leben zu bleiben, Gott ständig darum bittet, daß er ihm erlauben möge, weiterhin unbegrenzt an seinem Bruch zu sterben. *26. 2. 54*

»Nehmt es fest«

Ein arbeitsloser Bürger aus Buenaventura bemächtigte sich eines Bootes ohne Erlaubnis des Besitzers. Man brachte ihn ins Gefängnis, wie es nur natürlich ist, weil es juristisch zu rechtfertigen ist, daß ein Mann seine Stellung verliert, aber nicht, daß er zusammen mit der Stellung seine Anständigkeit verliert. Also brachte man ihn ins Gefängnis.

Ein anderer Mann verlor auch in Buenaventura seine Stellung, aber anstatt sich ein Boot anzueignen, widmete er sich dem fortschrittlichen und ehrenwerten Gewerbe eines Lotterieverkäufers. Vor zwei Tagen kam der ehrliche Lotterieverkäufer ins Gefängnis – wie der, der das Boot stahl –, aber nicht als Häftling, sondern als Lotterieverkäufer, der seine letzten Lose verkaufen will, auch wenn er zu diesem Zweck den Frieden der Gefängnisse stören muß, der zweifellos etwas mit dem Frieden der Gräber gemein hat. Der ehrliche Lotterieverkäufer begegnete dem Nehmer fremder Boote, und dieser erwarb mit dem von der unerlaubten Vermietung des Fahrzeugs herrührenden Geld das letzte Los des Lotterieverkäufers.

Wenn das Los nicht gewonnen hätte, wäre dies eine erbauliche moralische Geschichte. Doch genau das Gegenteil geschah. Kurz gesagt, der Lotterieverkäufer verdiente fünfzig Centavos, und der Sträfling gewann zehntausend Pesos. Offenbar ist also etwas an diesem rätselhaften Geschehnis nicht ganz korrekt. Etwas, woran man nichts ändern kann, es sei denn, man steckt das Glück ins Gefängnis. Vielleicht wegen Vertrauensmißbrauch.

26. 2. 54

Herriot spricht über Picasso

Monsieur Edouard Herriot hat als reifer und erfahrener französischer Politiker viele Probleme untersuchen und lösen müssen, aber sicher war keines so merkwürdig wie das, mit dem er sich vor zwei Tagen – in seiner Eigenschaft als Bürgermeister von Lyon – auseinandersetzen mußte, als ein Stadtrat, den seine Kollegen durch das Los bestimmt hatten, mit einer bescheidenen, von Pablo Picasso geformten Eule und einer ungeheuren, von der Sekretärin des Malers künstlerisch aufgemachten Rechnung über vierhundertachtzigtausend Francs sein Büro betrat.

Die Stadtverwaltung hatte in der Absicht, das Museum für Moderne Kunst in Lyon zu bereichern, ein Werk bei Picasso bestellt, und dieser schickte postwendend Eule und Rechnung, wie der Stadtrat sehr schüchtern M. Herriot erklärte.

Die Besprechung dauerte knapp fünfzehn Minuten, aber zum Unglück für die Biographen des großen Malers nahm kein Zeuge daran teil. Man weiß nur, daß Schreie aus M. Herriots Redeschwall heraustönten, doch man hat nicht feststellen können, ob diese Schreie durch die Eule oder durch die Rechnung ausgelöst wurden. Das ist das Geheimnis.

Das düstere Ende dieser Geschichte, in der der berühmte Staatsmann und der berühmte Maler zum ersten Mal gemeinsam als Protagonisten auftreten, bestand aus dem schweigenden Rückzug des Stadtrats »mit der Eule unter dem Arm«, wie es mit streng historischer und peinlicher Genauigkeit im Kabel heißt. »Er packte sie sorgfältig ein und schickte sie Picasso zurück«, endet das Kabel, ohne zu klären, ob es die Rechnung über vierhundertachtzigtausend Francs war, in die der bekümmerte Stadtrat die umstrittene Eule einwickelte.

Das durch diesen Vorfall erregte Interesse scheint ausschließlich darauf gerichtet zu sein, herauszufinden, welche Ansichten M. Herriot bei diesem, seinem ersten und unverhofften Versuch, sich als Kunstkritiker zu betätigen, äußerte. Genauer gesagt, als Kritiker von Picasso, der die zurückgeschickte Eule gewiß mit derselben Verblüffung entgegennahm, mit der sich seine Bewunderer in aller Welt fragen, ob M. Herriots Ablehnung durch den künstlerischen Gehalt der Eule oder durch die sechsstellige Zahl der Rechnung hervorgerufen wurde.

5. 3. 54

La Marquesita de la Sierpe

Malaria, Zauberei und Aberglauben in einer Region an der Atlantikküste. Der Mann, der die Legende betrat

Vor einigen Jahren betrat ein gespenstisch und glasig aussehender Mann mit einem Leib, der aufgetrieben und gespannt wie eine Trommel war, die Praxis eines Arztes in der Stadt. Er sagte: »Herr Doktor, ich komme, damit Sie mir einen Affen herausholen, den man mir in den Bauch gesteckt hat.« Und er erklärte, daß er aus dem Südosten des Departements Bolívar komme, aus einem Sumpfland zwischen dem San Jorge und dem Cauca jenseits der Zuckerrohrplantagen von La Mojana; jenseits der Niederungen von La Pureza, der mit Gestrüpp bewachsenen Felsengegend von La Ventura und der Sümpfe von La Guaripa. Er kam aus La Sierpe, einer sagenumwobenen Gegend an der kolumbianischen Atlantikküste, in der es gang und gäbe ist, eine Beleidigung durch einen Zauber zu rächen, der im Bauch des Beleidigers einen Affen entstehen, wachsen und sich vermehren läßt.

Reise ohne Rückkehr

Es ist nichts Neues, von La Sierpe zu sprechen, denn die Reishändler vom San Jorge in Magangué wissen, daß dort ein gutes und großes Korn angebaut wird und man es trotz der Transportschwierigkeiten zu normalen Preisen erwerben kann. Wer den Wunsch hat, in jene Gegend zu reisen, und dazu imstande ist, kann in Magangué ein Boot nehmen, das ihn in wenigen Stunden auf dem Flußarm Mojana zum Hafen von Sucre schafft. Dort mietet er ein Tragtier, das ihn in einem halben Tag nach La Guaripa bringt. Und schließlich, nach zwei Tagesreisen durch Wasser und Schlamm bis zur Gürtellinie, befindet er sich im Sumpfland von La Sierpe. Der Hinweg ist relativ leicht. Die Rückkehr dagegen ist schwierig, denn es wäre durchaus nichts Ungewöhnliches, wenn man ihn hinter einem Kapokbaum mit Machetehieben vom Tragtier herunterholte und an derselben Stelle sitzend beerdigte; oder wenn er mit dem Leib voller Frösche an Bauchfellentzündung krepierte.

Wer sich entschließt, die Gefahren dieses Abenteuers auf sich zu nehmen, stößt auf keine Ortschaft. Er findet eine sumpfige, fast undurchdringliche Gegend vor, in der man nur hier und dort einen Sonnenstrahl erhascht. Alle zwei oder drei Stunden stößt er auf ein primitives Haus, in dem von der Malaria verwüstete Männer und Frauen leben, die sich rassisch nicht von den gewöhnlichen Kolumbianern unterscheiden. Wie überall gibt es hier gute und schlechte Leute, aber sie sind mißtrauischer gegenüber den Fremden als sonst irgendwo. Sie vertreiben sich die Zeit wie alle Welt, mit einer Trommel, einem Hirserohr und einem Faß voll Branntwein, der in einem der Räume des Hauses destilliert wurde. Es sind Leute, die schlecht leben und schlecht essen, aber beides im Überfluß tun; die Gebete erfunden haben, um sich vor Schlangenbissen zu schützen, aber immer bereit sind, zwei Tage und zwei Nächte durch die Sümpfe zu reisen, um für ein schmerzstillendes Mittel zu bezahlen, was man von ihnen verlangt.

Der Tag, an dem der Stinkgeier singt

Nichts wird die Bewohner von La Sierpe dazu bringen, ihre Hölle von Malaria, Zauberei, Tieren und Aberglauben zu verlassen. Sie ernten Reis und haben Gebete, auf daß er gut ausfalle; sie verkaufen ihn in den umliegenden Dörfern, und für den Verkaufserlös kaufen sie Petroleum, Kleidung und patentierte Arzneimittel. Sie sind überzeugte Katholiken, aber sie praktizieren die Religion auf ihre Weise, wie die Mehrheit der kolumbianischen Bauern. Sie feiern Karfreitag mit ausgiebigen Rindfleischessen, aber ihr Karfreitag ist nicht beweglich, sondern am ersten Freitag im März, dem Tage, an dem, wie sie meinen, »der Stinkgeier singt«.

Sie verlieben sich wie Katholiken und wie Spanier. Sie haben eine tragische Liebesauffassung, mit Eifersucht, Branntwein und Machetehieben; und einen Sinn für Poesie; der die Galane beflügelt, ihrer Angebeteten lange, anmutige Liebeslieder von naiver und eigenartiger Schönheit zu singen. Sie heiraten katholisch und feiern das Ereignis mit stürmischen Festen, wobei einmal die Neuvermählte durch Machetehiebe getötet wurde. Es sind Leute, die an Gott, an die Heilige Jungfrau Maria und an das Mysterium der Heiligen Dreieinigkeit glauben, aber sie verehren sie in jedem beliebigen Gegenstand, in dem sie göttliche Kräfte zu entdecken glauben, und sie sprechen Gebete zu ihnen, die sie selbst erfunden haben. Aber vor allem – und darin unterscheiden sie sich von den übrigen Kolumbianern – glauben sie an La Marquesita.

La Marquesita

Die ältesten Einwohner von La Sierpe hörten ihre Großeltern sagen, daß vor vielen Jahren eine gütige kleine Spanierin in der Gegend lebte, die Besitzerin eines märchenhaften Reichtums in Gestalt von Tieren, Goldgegenständen und Edelsteinen war und die man unter dem Namen La Marquesita kannte. Nach der überlieferten Beschreibung war die Spanierin hellhäutig und blond und hatte nie in ihrem Leben einen Mann. Aber mehr als wegen ihrer Güte und ihres wertvollen Besitzes wurde La Marquesita bewundert, geachtet und war man ihr zu Diensten, weil sie alle geheimen Gebete kannte, um Gutes und Böses zu bewirken; um einen Sterbenden von seinem Lager aufstehen zu lassen, ohne mehr von ihm zu kennen als die Beschreibung seines Äußeren und seinen genauen Aufenthaltsort; oder um eine Schlange durch die Sümpfe zu schicken, damit sie sechs Tage später einen bestimmten Feind tötete.

La Marquesita war eine Art großer Mama derjenigen, die ihr in La Sierpe dienten. Sie hatte ein großes und prächtiges Haus mitten in dem Gebiet, das heute als das Moor von La Sierpe bekannt ist. »Ein Haus mit Korridoren und Gitterfenstern«, wie diejenigen es heute beschreiben, die von jener außergewöhnlichen Frau erzählen, deren Vieh »so zahlreich war, daß es mehr als neun Tage brauchte, um vorbeizuziehen«. La Marquesita lebte allein in ihrem Hause, aber einmal im Jahr machte sie eine Reise durch das ganze Gebiet, besuchte ihre Schützlinge, heilte die Kranken und löste wirtschaftliche Probleme.

La Marquesita konnte gleichzeitig an verschiedenen Orten sein, über das Wasser gehen und von ihrem Hause aus eine Person rufen, an welchem Ort von La Sierpe auch immer diese sich befinden mochte. Das einzige, was sie nicht tun konnte, war, die Toten auferwecken, weil ihr die Seele der Toten nicht gehörte. »La Marquesita hatte einen Pakt mit dem Teufel«, sagt man in La Sierpe.

Das andere Ufer der Welt

Die Legende sagt, daß La Marquesita so lange lebte, wie sie wollte. Und nach der verbreitetsten Version wollte sie über zweihundert Jahre leben. Ihrem Tode gingen himmlische Zeichen, tellurische Störungen und böse Träume der Bewohner von La Sierpe voraus. Bevor La Marquesita starb, übertrug sie ihren Lieblingsdienern viele ihrer geheimen Kräfte, außer denen des ewigen Lebens. Sie ließ ihre märchenhaften Herden vor ihrem Hause zusammenkommen und zwei Tage um es herumlaufen, bis das Moor von La Sierpe entstand, ein zähflüssiges, unentwirrbares Meer, dessen mit Seeanemonen bedeckte Oberfläche seine genauen Grenzen nicht erkennen läßt. Für diejenigen, die das zugängliche Ufer des Moores kennen, endet die Region am gegenüberliegenden Ufer. Aber bis vor einigen Jahren hörte an jenem Ufer »die Welt auf, und es wurde von einem schwarzen Stier mit goldenen Hufen und Hörnern bewacht«.

In der Mitte jenes Moores, so glauben die Bewohner von La Sierpe, sind der Schatz von La Marquesita und das Geheimnis des ewigen Lebens begraben.

Der Mann, der die Legende betrat

Eine bekannte Gestalt in den Ortschaften der Umgebung von La Sierpe ist ein Reisbauer, der einen angeschwollenen, monströsen Fuß nachzieht. Er ist die Person, die den Schätzen von La Marquesita am nächsten gekommen ist. Er selbst erzählt, daß er eines Tages beschloß, keinen Reis mehr zu ernten, und sich auf die Mitte des Moores zu wagte, um den vergrabenen Reichtum zu suchen. Wie alle Bewohner von La Sierpe wußte er, daß die Suche an den beiden ersten Novembertagen »in einem Jahr, das kein Schaltjahr ist«, unternommen werden mußte. Der Mann wartete das Datum ab, kam in den letzten Oktobertagen am Rande des Moores an und rüstete ein Floß mit einem Herd, einer Kiste Reis, Bananen, Yucca, Salz und einer Petroleumlampe aus. Er nahm auch einen Kürbis voll Wasser mit, weil das Moorwasser beim Mann einen Bruch, bei der Frau Störungen und bei Tieren innere Infektionen verursacht.

Am 2. November, sagt die Legende, wächst jedes Jahr in der Mitte des Moores »ein Kalebassenbaum mit goldenen Kürbissen«, an dessen Stamm ein Kanu angebunden ist, »das allein, ohne Steuermann« auf die Stelle zufährt, wo die große Mama ihre Schätze vergrub. Die Legende fügt hinzu, daß riesige Klapperschlangen und weiße Kaimane das Kanu bewachen.

Die Reise der Wunder

Die Beschreibung, die der Mann von seiner Reise gibt, ist ebenso phantastisch wie die Legende von La Marquesita. Er sagt, daß er während der ersten zwölf Stunden des 1. November durch die immer dichtere und höhere Wasserflora fuhr. An jenem Tage bemerkte er nichts Außergewöhnliches. Aber als es Nacht wurde, nahm er um sich herum starke Düfte von kochenden Speisen wahr, die seinen Appetit anregten und ihn zwangen, bis zum Morgengrauen maßlos zu essen und zu trinken. Dann traten phantastische Geräusche »wie das Brüllen einer Stierherde« und das Gekreisch von Papageien, Affen und Sumpfhähnchen an die Stelle der Düfte. Als der Morgen des 2. November dämmerte, sah er seltsame Tiere um das Floß herumfliegen, geflügelte Vierfüßer mit Vogelköpfen und -schnäbeln und Rohrdommeln mit metallischem und glänzendem Gefieder. Der Mann sagt, daß er trotz der Geräusche und obwohl das Floß in der zähen und verworrenen Flora nur langsam vorankam, »weiter auf die Mitte zu ruderte, um das Gold, die Edelsteine und das Geheimnis des ewigen Lebens von La Marquesita zu erreichen. Plötzlich hörten am Abend des 2. November alle Geräusche auf, die Vegetation wurde weniger feindselig, und am Horizont glänzte der Baum mit den wunderbaren Kürbissen inmitten einer dichten Weißdornhecke. Aber er war etwa drei Tage entfernt.«

Der habgierige Abenteurer sagt, daß er dann umkehrte, weil das Wasser und die Speisen für die Reise bis zu dem Baum nicht gereicht hätten. Als er an Land ging, begann der Fuß anzuschwellen, und er war völlig erschöpft; doch ihm blieb die Genugtuung, der einzige Mann von La Sierpe zu sein, der es gewagt hatte, das Reich der Legende zu betreten. *7. 3. 54*

Das Alleinrecht auf die Kräfte begründet eine genau abgegrenzte soziale Gliederung. Die Mittel der Heilkundigen

La Marquesita teilte einige ihrer außergewöhnlichen geheimen Gaben mit den Dienern, die sie am liebsten hatte, und sie sind über die Zeit als Erstgeburtsrechte weitergegeben worden. Es ist ein Reichtum, der aus einer komplizierten Rangfolge übernatürlicher Kräfte im ausschließlichen Besitz von einem halben Dutzend Familien besteht, deren Erstgeborene jene Kräfte ausüben, beschützen, bewahren und ihren Nachkommen mit derselben Feierlichkeit und Erhabenheit anvertrauen, mit denen ihre Ururgroßväter sie von La Marquesita erhielten. Das biblische Geschäft mit dem Linsengericht läßt sich, was die geheimen Kräfte der Erstgeborenen von La Sierpe betrifft, nicht wiederholen. Jede Familie, deren Erstgeborener sie besitzt, kann von ihnen nutznießen, aber ein geringfügiges Vergehen des Besitzers, die kleinste Indiskretion, die das Alleinrecht auf die Kraft gefährdet, genügen, um ihre Wirksamkeit aufzuheben. So erklären die Bewohner von La Sierpe den Verlust einer ihrer nützlichsten Kräfte: die Fähigkeit, über das Wasser zu gehen, die eine bekannte Familie der Gegend viele Jahre lang besaß und die kürzlich für immer durch einen ungeratenen und verschwenderischen Erstgeborenen verlorenging, der sie als Einsatz im Kartenspiel benutzen wollte.

Die Gliederung der Kräfte

Das Alleinrecht auf die Kräfte hat eine genau abgegrenzte soziale Gliederung begründet, deren obersten Rang die Familien einnehmen, die die Geheimnisse des Rodens besitzen, und die unterste die Familien, die die Geheimnisse des Heilens räudiger Hunde besitzen. »Ein Irgendjemand« ist in der strengen sozialen Hierarchie von La Sierpe das Mitglied einer Familie, die nie ein geheimes Gebet in ihrem Erbgut hatte und deren Angehörige über die Jahrhunderte unter harten und ehrlichen Opfern, ohne über irgendwelche übernatürlichen Hilfsmittel zu verfügen, ihre Felder urbar machten, ihre Kinder aufzogen und ihre

Ochsen mästeten. Sie wiederum adelt die Möglichkeit, ihre Seele zu retten, denn der Besitz und die Nutznießung jeder Kraft beinhaltet zwangsläufig »einen Pakt mit dem Teufel«.

Der Heilkundige

Die Notwendigkeit hat zur Folge gehabt, daß am Rande jener Hierarchie der Verwahrer der Kräfte, die Schlangenbisse heilen, seinen Platz hat. Der urwaldartige Charakter der Region, wo die Fülle und die Gefährlichkeit der giftigen Reptilien die größte Bedrohung für die Einheimischen darstellen, hat den »Heilkundigen für Schlangen« zu einem Hohepriester gemacht, von dessen Geschicklichkeit und Klugheit das Leben seiner Nachbarn abhängt. In La Sierpe ist der Heilkundige nicht mit dem extravaganten dekorativen Beiwerk ausgestattet, das die afrikanischen Medizinmänner auszeichnet. Der Heilkundige ist ein gewöhnlicher Mann, der Meter für Meter seinen Boden bearbeitet, weil er das Geheimnis des Säens nicht besitzt, dessen Verwahrer aus jeder beliebigen Entfernung zu ihrem Feld die Samen ausstreuen, ohne sich aus ihrer Hängematte zu rühren. Auch erhält der Heilkundige keine Vergütung für seine Dienste, weil seine Kraft dadurch unwirksam würde, aber er läßt es zu, daß der Patient oder seine Familie für ihn arbeiten oder ihm Sachen und Tiere schenken.

Verfälschte Schlangen

Eigentlich wendet der Heilkundige sich nicht an den Kranken, sondern an das Reptil. Deshalb ist es besser, das Tier lebend zu fangen, damit der Medizinmann in seiner Gegenwart ein Gebet spricht, das das Gift in seinen Zähnen und das in den Körper seines Opfers gespritzte Gift unwirksam macht. Wenn das Tier dabei ist, braucht der Medizinmann den Patienten nicht zu sehen, aber er muß ihn ein schleimiges Gebräu trinken lassen, das er aus Pflanzensaft und inneren tierischen Organen zubereitet hat, um, wie man sagt, die bei dem Unfall verlorengegangenen Kräfte zurückzugewinnen.

Wenn das Tier, das die Bisse verursacht hat, nicht gefangen worden ist, erfolgt die Beschwörung in Gegenwart des Patienten, und dann wird das Gift nicht nur in den Wunden, sondern auch in den Zähnen des Reptils, das sie verursachte, unwirksam. Dadurch ist eine Art von Schlangen entstanden, die trotz ihrer typischen Merkmale harmlos sind und von den Einheimischen »verfälschte Schlangen« genannt werden, weil sie einmal gebissen haben und ihr Opfer von dem Heilkundigen gerettet worden ist.

Der wundertätige Riemenschuh

Der Besitzer der Kraft gegen die Bisse ist von seinen Fähigkeiten überzeugt: Er hat nie Eile. Wenn man nach ihm verlangt und er gerade von einer unaufschiebbaren Tätigkeit in Anspruch genommen ist, setzt er sie fort und übergibt dem Boten seinen Riemenschuh. Der Bote bringt ihn zum Haus des Gebissenen, hängt ihn an das Kopfende seines Lagers und kümmert sich nicht weiter um das Problem, weil er weiß, daß der Kranke, solange der Riemenschuh am Kopfende des Lagers hängt, am Leben bleiben wird, auch wenn ein Jahr vergeht, bevor der Heilkundige sich freimachen kann.

Es gibt nur eine ernsthaftere Bedrohung als den Schlangenbiß: den Umstand, der zehnte Patient des Heilkundigen zu sein. Die vom Teufel gewährte Kraft gegen die Bisse fordert als Tribut ein Leben für jeweils neun gerettete. Das System hat seinen Namen: »Der Zehnt für die Heilung«.

Die Kraft und ihre Gegenkraft

Unter den von La Marquesita geerbten Geheimnissen ist das wertvollste von allen das des Rodens. Wer in einem Volk von Bauern über die Kraft verfügt, in weniger als einem halben Tag ein Stück Land beliebiger Größe von Baumstümpfen zu befreien, es zu säubern und zu bestellen, ist gegen die Konkurrenz gefeit. Und mit dem zusätzlichen Vorteil, daß der Besitzer einer Kraft auch die Gegenkraft besitzt. So daß der, der sein Land mit geheimen Kräften rodet, mit denselben Kräften erreichen kann, daß das Land seines Gegners in Unordnung gerät, undurchdringlich und unbrauchbar wird.

Der Kraft des Rodens folgt an Bedeutung die, von Würmern geplagte Rinder zu heilen. Der Inhaber dieser wunderbaren Fähigkeit übt seine Funktion als übernatürlicher Tierarzt aus, ohne sich aus seiner Hängematte zu bewegen, vorausgesetzt, daß man ihm genaue Angaben über das kranke Rind liefert. Der Viehhalter, der die Dienste des Tierarztes erbittet, gibt Auskunft über die Eigenschaften des Rindes und den genauen Ort, an dem es zu einer bestimmten Stunde weidet. Dann kann er beruhigt nach Hause zurückkehren, denn wenn er sich nicht in den Angaben geirrt hat, wird der Tierarzt zur angegebenen Stunde bei sich zu Hause beten, und die Würmer werden sich alle gleichzeitig von den Hörnern des Rindes lösen und zu Boden fallen.

Auf der nächstunteren Stufe folgen die Geheimnisse, um Blutungen zu stillen, schmerzlos zu gebären, eine Person in jeder beliebigen Entfernung ausfindig zu machen und sie zu einem bestimmten Ort gehen zu lassen; um die Raubtiere von den Wegen zu verscheuchen und die Lasttiere schneller laufen zu lassen, als wenn sie Siebenmeilenhufe hätten. Und schließlich ist auf der untersten Ebene die am wenigsten angesehene Kraft von La Sierpe, die der Frau, um ihren Mann an sich zu binden. Da La Marquesita als Jungfrau starb, ist zu vermuten, daß sie nie sexuelle Probleme hatte und ihr deshalb das Geheimnis, den Ehemann an sich zu binden, nicht gehört hat.

Schlichte Zauberei

Die Ausübung der von La Marquesita geerbten Kräfte wird als eine edle Tätigkeit angesehen. Wer über eine Gabe verfügt, wendet normalerweise nicht die gegenteilige Gabe an, es sei denn, um sein Leben oder das der Seinen oder den Besitz der Kraft zu verteidigen. Wer sein Land mit Geheimnissen rodet, bringt das seines Nachbarn nicht in Unordnung, solange dieser keine Bedrohung darstellt, noch schickt der Heilkundige eine Schlange über die Wege auf eine bestimmte Person zu, solange diese Person sich nicht gegen sein Leben verschwört oder Ränke schmiedet, um seine Kraft zu zerstören. Aber neben dem ursprünglichen Wissen von La Marquesita gedeiht in La Sierpe die gewöhnliche Zauberei, die bösartige Hexerei, die nicht aufbaut, sondern zerstört. Es sind erniedrigende, unannehmbare Praktiken, die aber deshalb nicht weniger wirksam und gefürchtet sind. Im Unterschied zu den Kräften von La Marquesita sind sie an keine Verpflichtung gegenüber dem bösen Geist gebunden. Es sind Kräfte, die auf menschlichen Erfahrungen und Kenntnissen der Botanik und der Eigenschaften tierischer Organe beruhen. Die sie ausüben – im allgemeinen Frauen –, behaupten, daß sie die Formel besitzen, die im untreuen Ehemann bedingte Impotenz hervorruft, oder die, die den Feind an einer Ausbreitung von Vierfüßern in seinen Eingeweiden sterben läßt.

Neben den von der Malaria verwüsteten Männern gibt es in La Sierpe männliche Wesen von erschütterndem Aussehen, die »verhexte Ehemänner« genannt werden. Männer ohne jeden Reiz, die jeder Frau außer ihrer eigenen widerwärtig sind; »verkrötete«, weil ihre Frauen sie mit Organen und Sekreten von Kröten behandelt haben; *»guanábanos«*, weil die Hexenkünste sie auf etwas reduziert haben, das physisch und psychologisch dem viskosen Fruchtfleisch der *guanábana* sehr ähnlich ist.

Das Geheimnis der Bauchfellentzündung

Eines der blitzartig wirkenden Mittel, die in La Sierpe verabreicht werden, ist eine schmackhafte Teigtasche, in die winzig klein gehackte, fast unsichtbare Tigerbarthaare oder Nabelschweinsborsten unauffällig eingemengt sind. Das allmähliche Eindringen der scharfen Teilchen in die Eingeweide erzeugt im ersten Stadium ein gewaltiges Auftreiben des Unterleibes, das von ungeheuren Schmerzen begleitet ist. Der Mann, der den Arzt aufsuchte, weil man ihm, wie er sagte, einen Affen in den Bauch gesteckt hatte, war ein Opfer jener Behandlung gewesen, die ihm innerhalb einer Woche eine schwere Bauchfellentzündung eintrug.

Die Bewohner von La Sierpe schützen sich gegen derartige Bedrohungen durch Vorsicht oder bekannte Gegenmittel. Ihr Instinkt ist geschärft für das Erkennen der bösen Zauber. Ein Mann, der jenseits der Sümpfe von La Guaripa geboren ist, trinkt keine Tasse Kaffee und keinen Schluck Branntwein, die ihm ein Unbekannter anbietet, wenn er nicht genau weiß, daß kein böser Zauber darin ist, oder wenn er die Gegenmittel nicht zur Hand hat. Dieser Umstand hat sie mißtrauisch und abweisend gemacht, und oft scheuen sie nicht davor zurück, einen Reiter aus Vorsicht für den Fall, daß er ein Bote mit neuen Formeln zur Bereicherung der Zauberei sein könnte, mit Machetehieben zu töten.

21. 3. 54

Die sonderbare Verehrung für »Jesusito«. Ein Syndikat von Idolen. Das heilige Brett und die heilige Niere. Pacha Pérez

Seit dem lange zurückliegenden Tag, an dem eine Frau übernatürliche Kräfte in einem Zedernbrett zu entdecken glaubte, hat die Idolatrie in La Sierpe ein außergewöhnliches Ansehen gewonnen. Die Frau trug eine Seifenkiste, als sich eines der Bretter löste und alle Anstrengungen, es wieder zu befestigen, vergeblich waren; die Nägel krümmten sich auch an den weniger harten Stellen des Holzes. Schließlich prüfte die Frau die Leiste aufmerksam und entdeckte in einer ihrer Unebenheiten, wie sie sagte, das Bild der Heiligen Jungfrau Maria. Die Weihe fand augenblicklich und die Heiligsprechung unmittelbar, ohne Metaphern und ohne Umschweife, statt; das heilige Brett, eine Zedernleiste, die Wunder tut und in Bittprozessionen herumgetragen wird, wenn der Winter die Ernten gefährdet.

Der Fund führte zur Entstehung einer ungewöhnlichen und umfangreichen Heiligensammlung aus Rinderhufen und -hörnern, die von denen angebetet werden, die ihre Tiere von der Pest befreien wollen; Flaschenkürbissen, die darauf spezialisiert sind, Fußreisende gegen die Gefahren der Raubtiere zu schützen; Metallstücken und Haushaltsgeräten, die den jungen Mädchen Bräutigame nach Maß verschaffen. Und mitten darin die heilige Niere, die ein Schlächter heiligsprach, der in einer Rinderniere eine verblüffende Ähnlichkeit mit dem Gesicht des dornengekrönten Jesus zu entdecken glaubte, und der sich die anvertrauen, die an Krankheiten der inneren Organe leiden.

Jesusito

Ein unerläßlicher Bestandteil der Feste, die jedes Jahr in den Ortschaften der Umgebung von La Sierpe gefeiert werden, ist ein kleiner Altar, der in einer Ecke des Platzes aufgebaut wird. Männer und Frauen gehen dorthin, um Almosen niederzulegen und Wunder zu erbitten. Es ist ein aus Blättern der Königspalme gefertigter Schrein, in dessen Mitte sich auf einem in leuchtend buntes Papier eingeschlagenen Kästchen das beliebteste

Idol mit der besten Kundschaft der Region befindet: ein schwarzes Männlein, das aus einem zwei Zoll hohen Stück Holz geschnitzt und auf einem goldenen Ring befestigt ist. Es hat einen einfachen und vertrauten Namen: Jesusito. Und in allen Bedrängnissen wird es von den Bewohnern von La Sierpe mit dem feierlichen Versprechen angerufen, zu seinen Füßen einen goldenen Gegenstand zur Erinnerung an das Wunder niederzulegen. Deshalb gibt es heute auf dem Altar von Jesusito eine Menge goldener Figuren, die ein Vermögen wert sind: goldene Augen als Gabe von jemand, der blind war und die Sehkraft zurückgewann; goldene Beine von jemand, der gelähmt war und wieder gehen konnte; goldene Tiger als Gabe von Reisenden, die Raubtieren entkamen; und unzählige goldene Kinder verschiedener Größen und Formen, denn in erster Linie sind es die werdenden Mütter von La Sierpe, die sich der Figur des auf einem Ring befestigten schwarzen Männleins anvertrauen.

Jesusito ist ein alter Heiliger unbekannter Herkunft. Man hat ihn von Generation zu Generation weitergegeben, und er ist viele Jahre lang die Existenzgrundlage seiner jeweiligen Besitzer gewesen. Jesusito ist dem Gesetz des Angebots und der Nachfrage unterworfen. Er ist ein begehrtes Objekt, das in ehrenhaften Transaktionen erworben werden kann und sich für die Opfer seiner Käufer in angemessener Weise erkenntlich zeigt. Traditionsgemäß ist der Besitzer von Jesusito auch der Besitzer der Almosen und der goldenen Weihgeschenke, aber nicht der Tiere, die man dem Idol schenkt, um dessen Vermögen zu vermehren. Als Jesusito vor drei Jahren zum letzten Mal verkauft wurde, erwarb ihn ein Viehzüchter mit ausgezeichnetem Geschäftssinn, der die Branche wechseln wollte, seine Rinder und seine Felder versteigerte und mit seinem ersprießlichen Wunderladen begann, von Fest zu Fest durch die Dörfer zu ziehen.

Die Nacht, in der Jesusito gestohlen wurde

Vor acht Jahren wurde Jesusito gestohlen. Es war das erste Mal, daß das geschah, und sicher auch das letzte Mal, denn den Täter kennt und bemitleidet jeder, der seitdem jenseits der Sümpfe von La Guaripa gewesen ist. Der Vorfall ereignete sich in der Nacht des 20. Januar 1946 in La Ventura, während »Der Süße Name« gefeiert wurde. In den Morgenstunden, als die Begeistetung allmählich nachließ, sprengte ein ungestümer Reiter auf den Dorfplatz und stürzte unter dem Getöse durcheinandergeworfener Schüsseln und Roulettes und sich am Boden wälzender Tänzer den Tisch mit der Musikkapelle um. Der Sturm dauerte eine Minute. Aber als er aufhörte, war Jesusito von seinem Altar verschwunden. Vergeblich suchte man ihn unter den mitgerissenen Gegenständen und den verschütteten Speisen. Vergeblich nahm man den Schrein auseinander und schüttelte Tücher aus und durchsuchte die verblüfften Einwohner von La Ventura. Jesusito war verschwunden, und das war nicht nur ein Anlaß zu allgemeiner Unruhe, sondern ein Zeichen dafür, daß das Idol mit den Bittprozessionen von »Der Süße Name« nicht einverstanden war.

Drei Tage später kam ein Mann mit ungeheuer angeschwollenen Händen zu Pferd durch die lange und einzige Straße von La Ventura, stieg vor der Polizeiwache ab und legte das winzige, auf einem goldenen Ring befestigte Männlein in die Hände des Inspektors. Er hatte weder die Kraft, wieder auf das Pferd zu steigen, noch den Mut, der wütenden Schar zu trotzen, die sich vor der Tür drängte. Das einzige, was er brauchte und laut rufend verlangte, war ein Goldschmied, damit er ihm eilig ein Paar Händchen aus Gold schmiedete.

Der verlorengegangene Heilige

Vorher war Jesusito einmal ein Jahr lang verschollen. Um ihn zu finden, waren alle Bewohner der Region dreihundertfünfundsechzig Tage und Nächte auf den Beinen. Die Umstände, unter denen er damals verschwand, glichen denen seines Abhandenkommens in der Nacht von »Der Süße Name« in La Ventura. Ein bekannter Streithahn der Gegend bemächtigte sich ohne besonderen Anlaß plötzlich des Idols und warf es in einen benachbarten Gemüsegarten. Ohne sich auch nur einen Augenblick lang verblüffen oder verwirren zu lassen, begannen die Anhänger sofort, Zentimeter für Zentimeter den Gemüsegarten zu säubern. Zwölf Stunden später stand kein einziger Grashalm mehr, aber Jesusito blieb verschwunden. Da begannen sie, in der Erde zu scharren. Vergeblich scharrten sie eine Woche lang und die folgende. Schließlich wurde nach vierzehntägigem Suchen verfügt, daß die Mitarbeit an jenem Unternehmen als Buße gelten und für das Auffinden von Jesusito Ablaß gewährt werden sollte. Von da an wurde der Gemüsegarten zum Wallfahrtsort und später zum öffentlichen Markt. Ringsum entstanden Schenken, und Männer und Frauen kamen aus den entferntesten Gegenden von La Sierpe, um in der Erde zu scharren, zu graben und den unzählige Male durchwühlten Boden durchzuwühlen, um Jesusito zu finden. Die es aus erster Hand wissen, sagen, daß der verschollene Jesusito weiter Wunder tat, bis auf das, zu erscheinen. Es war ein schlechtes Jahr für La Sierpe. Die Ernten gingen zurück, die Qualität des Korns ließ nach, und die Erträge reichten nicht aus, um die Bedürfnisse der Region zu befriedigen, die nie so groß gewesen waren wie in jenem Jahr.

Jesusitos Vervielfältigung

Es gibt eine umfangreiche und bunte Anekdotensammlung aus dem Jahr, als Jesusito verlorenging. In einem Haus in La Sierpe tauchte ein gefälschter Jesusito auf, den ein Witzbold aus Antioquia geschnitzt hatte, der dadurch die Bevölkerung empörte und bei der Geschichte beinahe Federn gelassen hätte. Jener Vorfall zog eine Reihe von Fälschungen nach sich, eine ausgedehnte Produktion apokrypher Jesusitos, die allerorten auftauchten und die Gemüter derart verwirrten, daß man sich schließlich fragte, ob in jener ansehnlichen Menge falscher Idole nicht auch der echte sei. Der Instinkt der Bewohner von La Sierpe, das Nachgemachte vom Echten zu unterscheiden, war zunächst das einzige Hilfsmittel, das Jesusitos Besitzer benutzen konnte, um die Figur zu identifizieren. Die Leute untersuchten die kleine Statue und sagten einfach: »Das ist er nicht.« Und der Besitzer wies sie zurück, denn auch wenn es der echte Jesusito gewesen wäre, hätte er ihm nichts genützt, wenn seine Anhänger behaupteten, es sei einer von den gefälschten. Aber es kam der Augenblick, wo Meinungsverschiedenheiten über die Identität der Idole ausbrachen. Acht Monate nach seinem Verschwinden wurde Jesusitos Ansehen in Frage gestellt. Der Glaube seiner Anhänger geriet ins Wanken, und der ganze Haufen umstrittener Idole wurde verbrannt, weil jemand behauptete, der echte Jesusito sei gegen Feuer gefeit.

Syndikat von Idolen

Als das Problem der vielen falschen Jesusitos gelöst war, ersann die Phantasie der Fanatiker neue Mittel, um das Idol zu finden. Das heilige Brett, die heilige Niere, die ganze mannigfaltige Galerie von Hörnern, Hufen, Ringen und Küchengeräten, die die reichhaltige Heiligensammlung von La Sierpe ausmachen, wurde in einer Bittprozession zum Gemüsegarten getragen, um in dichtgedrängter Solidarität die aufreibende Suche nach Jesusito zu unterstützen. Aber auch das Mittel nützte nichts.

Als seit der Nacht des Verlustes genau ein Jahr vergangen war, ersann irgendein Experte für Jesusitos Bedürfnisse und Schwächen ein entscheidendes Mittel; er sagte, das, was Jesusito wünsche, sei ein großer Stierkampf.

Die Viehzüchter der Region trugen mit Geld und Kampfstieren und fünf Tagen bezahlten Urlaubs für ihre Viehknechte dazu bei. Der Stierkampf war das besuchteste, ausgiebigste und lärmendste Fest von allen, an die man sich in La Sierpe erinnert, aber die fünf Festtage vergingen, ohne daß Jesusito auftauchte. Eines Morgens, nach der letzten Nacht, als die Viehknechte zu ihrer Arbeit zurückkehrten und die Fanatiker der Region sich neue Mittel und ausgefallene Bußübungen ausdachten, damit Jesusito erschiene, fand eine Frau sechs Meilen vom Gemüsegarten entfernt ein mitten auf den Weg geworfenes schwarzes Männlein. Im Hof des nächsten Hauses wurde ein Feuer angezündet und die Figur hineingeworfen. Als das Feuer erlosch, lag das Idol dort, makellos und unversehrt als echter Jesusito.

Jesusitos persönliches Vermögen

Das war der Anfang von Jesusitos persönlichen Reichtümern. Der Besitzer des Gemüsegartens übertrug ihm seine Besitzrechte unter der Bedingung, daß der Boden als persönliches Eigentum der Figur und nicht als das ihres Besitzers angesehen werde. Seitdem erhält Jesusito von seinen Anhängern Vieh und Ländereien mit gutem Weidegras und fließendem Wasser. Natürlich ist der Besitzer des Idols der Verwalter dieser Güter. Aber zur Zeit kann man ihm keine Unregelmäßigkeiten in der Handhabung des Vermögens vorwerfen. So ist Jesusito Herr über einen Gemüsegarten, zwei Häuser und ein wohlversorgtes Viehgehege, in dem Kühe, Ochsen, Pferde und Maultiere weiden, die sein persönliches Brandmal tragen. Ähnlich wie es beim Christus von Villa de San Benito der Fall ist, gegen den vor einigen Jahren ein Ermittlungsverfahren wegen Viehraubs eingeleitet wurde, weil einige fremde Rinder mit seinem Brandmal gezeichnet waren.

Eine Totenwache in La Sierpe

In La Sierpe gehen die Hausfrauen jedesmal dann einkaufen, wenn eine Person gestorben ist. Die Totenwache ist der Mittelpunkt geschäftlicher und gesellschaftlicher Aktivitäten in einer Region, deren Bewohner keine andere Gelegenheit haben, um sich zu treffen, zu versammeln und zu vergnügen, als die, die ihnen ab und zu der Tod einer ihnen bekannten Person verschafft. Deshalb ist die Totenwache ein bunter und geräuschvoller Jahrmarktstrubel, bei dem die Leiche das Unwichtigste und lediglich schmückendes Beiwerk ist.

Wenn jemand in La Sierpe stirbt, machen zwei Personen sich in entgegengesetzte Richtungen auf den Weg: eine nach La Guaripa, um den Sarg zu kaufen, und die andere ins Innere des Sumpfes, um die Nachricht zu verbreiten. Die Vorbereitungen im Hause beginnen mit der Säuberung des Hofes und dem Einsammeln aller Gegenstände, die in jener und den acht folgenden Nächten die Bewegungsfreiheit der Besucher behindern könnten. In der abgelegensten Ecke, wo er kein Hindernis ist und am wenigsten stört, wird der Tote in Längsrichtung auf zwei Brettern direkt auf den Boden gelegt. Gegen Abend treffen die ersten Leute ein. Sie gehen geradewegs in den Hof des Hauses und errichten längs der Einfriedigung Stände mit Krimskrams, Fritüren, billigen Lotionen, Petroleum, Streichhölzern. Wenn es dunkelt, hat sich der Hof in einen öffentlichen Markt verwandelt, in dessen Mitte ein riesiger, mit in der Gegend destilliertem Branntwein gefüllter Bottich steht, in dem viele kleine, aus grünen Flaschenkürbissen gefertigte Gefäße schwimmen. Dieser und der Tote als Vorwand sind die einzigen Beiträge der Familie.

Die Schule der Liebe

An einer Seite des Hofes, neben dem breitesten Tisch, versammeln sich die jungen Mädchen, um Tabakblätter zu wickeln. Nicht alle: nur die, die hoffen, einen Ehemann zu finden. Die es vorziehen, fürs erste bei weniger riskanten Beschäftigungen zu bleiben, können während der Totenwache tun, was sie wollen, nur nicht Tabak wickeln. Obwohl im allgemeinen die Mädchen, die keinen Mann suchen, nicht am Markt teilnehmen.

Für die Männer, die hoffen, eine Frau zu finden, gibt es auch einen besonderen Platz, nämlich an der Kaffeemühle. Die Frauen in La Sierpe fühlen sich unwiderstehlich auf eine konventionelle, aber auch sehr symbolische Weise von den Männern angezogen, die mit außergewöhnlicher Geschwindigkeit große Mengen Kaffee mahlen können. Die Teilnehmer an jenem erschöpfenden Wettstreit treten der Reihe nach an den Mahltisch, wo sie gleichzeitig das Herz der Tabak wickelnden Mädchen zu brechen und die Unmengen gerösteten Kaffees, mit denen ein unparteiischer und opportunistischer Richter den Mühlkasten ständig gefüllt hält, zu Pulver zu mahlen suchen. Mehr Nutzen als die emsigen Galane haben davon fast immer die Kaffeebesitzer, die lange auf die Gelegenheit gewartet haben, daß ein Toter und ein Optimist ihnen den festesten und schwierigsten Knoten ihrer Industrie lösen.

Die übrigen Männer plaudern in Gruppen über Geschäfte, regeln und schließen Verträge und feiern die Abschlüsse oder mildern Meinungsverschiedenheiten mit regelmäßigen Gängen zu dem riesigen Branntweinbottich. Es gibt auch einen Platz für die Müßiggänger, die nichts zu kaufen und nichts zu verkaufen haben, sie setzen sich in Gruppen um eine Petroleumlampe, um Domino oder mit spanischen Spielkarten ›9‹ zu spielen.

Pacha Pérez

Den Toten zu beweinen – eine Tätigkeit, die an der Atlantikküste sehr seltsame und ausgefallene Formen annimmt –, ist für die Einheimischen von La Sierpe eine Beschäftigung, die nicht der Familie des Toten, sondern einer Frau zusteht, die durch Berufung und Erfahrung zum professionellen Klageweib wird. Die Rivalität zwischen den Frauen dieses Gewerbes trägt beunruhigendere Züge und zieht schwerwiegendere Folgen nach sich als der fröhliche Wettstreit der Kaffeemüller.

Das genialste aller Klageweiber von La Sierpe war Pacha Pérez, eine autoritäre und magere Frau, von der es heißt, sie sei im Alter von hundertfünfundachtzig Jahren in eine Schlange verwandelt worden. Wie La Marquesita ging Pacha Pérez in die Legende ein. Niemand hat je wieder eine Stimme gehabt wie sie, noch wurde in den undurchdringlichen Sümpfen von La Sierpe je wieder eine Frau geboren, die wie sie die halluzinierende und satanische Fähigkeit hatte, in einem einzigen Klageschrei die ganze Geschichte eines toten Mannes zusammenzufassen. Pacha Pérez stand immer außerhalb jeder Konkurrenz. Wenn von ihr gesprochen wird, rechtfertigen die heutigen Klageweiber sie auf eine Weise, die zugleich sie selbst rechtfertigt: »Pacha Pérez hatte einen Pakt mit dem Teufel.«

Das Theater der Klageweiber

Die Klageweiber treten nicht auf, um über den Toten zu klagen, sondern zu Ehren angesehener Besucher. Wenn die Anwesenden bemerken, daß jemand da ist, der wegen seiner wirtschaftlichen Position in der Region als außerordentlich verdienstvoller Bürger gilt, wird das diensttuende Klageweib benachrichtigt. Was dann folgt, ist ein ganz und gar theaterhaftes Ereignis: Die geschäftlichen Verhandlungen werden unterbrochen, die jungen Mädchen hören mit dem Tabakwickeln und ihre Bewerber mit dem Kaffeemahlen auf; die Männer, die ›9‹ spielen, und die Frauen, die die Feuerstellen und die Stände betreuen, wenden sich schweigend und erwartungsvoll zur Mitte des Hofes hin, wo sich das Klageweib mit erhobenen Armen und dramatisch verzerrtem Gesicht zu weinen anschickt. In einem langgezogenen Klageschrei hört der Neuankömmling dann die Geschichte; mit ihren guten und ihren schlechten Augenblicken, mit ihren Tugenden und ihren Untugenden, mit ihren Freuden und ihren Kümmernissen; die Geschichte des Toten, der in der Ecke zwischen Schweinen und Hühnern, mit dem Rücken auf zwei Brettern liegt und verwest.

Was abends ein fröhlicher und bunter Markt war, droht gegen Morgen in eine Tragödie umzuschlagen. Der Bottich ist mehrmals gefüllt und sein tückischer Branntwein mehrmals ausgetrunken worden. Dann bilden sich Knoten in den Gesprächen, im Spiel und in der Liebe. Feste, unauflösliche Knoten, die für immer die Beziehungen innerhalb jener alkoholisierten Menschheit zerbrechen würden, wenn nicht in dem Augenblick die verdrängte Bedeutung des Toten mit all ihrer Kraft die Oberhand gewänne. Bevor es tagt, erinnert jemand sich daran, daß eine Leiche im Hause ist. Und es ist, als ob die Nachricht sich zum ersten Mal verbreitete, weil nun alle Tätigkeiten unterbrochen werden und eine Gruppe von betrunkenen Männern und erschöpften Frauen die Schweine und Hühner verscheucht und die Bretter mit dem Toten in die Mitte des Raumes schiebt, damit Pánfilo betet.

Pánfilo ist ein riesiger, baumartiger und etwas weichlicher Mann, der jetzt um die fünfzig Jahre alt ist und dreißig davon an allen Totenwachen von La Sierpe teilgenommen und den Rosenkranz für alle Toten gebetet hat. Das Besondere an Pánfilo, weshalb man ihn allen Betern der Region vorzieht, ist, daß der Rosenkranz, wie er ihn spricht, seine Mysterien und seine Gebete unter origineller und wirrer Verwendung des katholischen Schrifttums und des Aberglaubens in La Sierpe von ihm selbst erfunden worden sind. Der gesamte, von Pánfilo getaufte Rosenkranz nennt sich ›Gebet an unseren Herrn aller Mächte‹. Pánfilo, der keinen bekannten Wohnsitz hat, sondern im Hause des letzten Toten lebt, bis er die Nachricht vom nächsten erhält, stellt sich vor der Leiche auf und zählt mit der erhobenen rechten Hand die Mysterien mit. Es kommt zu großen Dialogen zwischen dem Beter und der Versammlung, die jedesmal, wenn Pánfilo den Namen eines fast immer von ihm erfundenen Heiligen nennt, im Chor antwortet: »Nimm ihn mit dir.« Auf dem Höhepunkt des ›Gebetes an unseren Herrn aller Mächte‹ blickt der Beter nach oben, während er sagt: »Schutzengel, nimm ihn mit dir.« Und er weist mit dem Zeigefinger nach oben.

Pánfilo ist knapp fünfzig Jahre alt und stämmig und gesund wie ein Kapokbaum, aber – so wie es seinerzeit mit La Marquesita und Pacha Pérez geschah – die Legende hat ihn schon ganz erfaßt.

28. 3. 54

Der Friedhof von La Guaripa. ›Zafra vom tiefen Schmerz‹. Die Welt dreht sich ohne Rast, und nur Gott allein weiß das alles

Der Sarg kommt vor Tagesanbruch an. Dann schlägt die Stimmung um, weil irgend etwas den Leuten von La Sierpe anzuzeigen scheint, daß das, was dem Tod etwas Schauerliches verleiht, nicht eigentlich die Leiche, sondern die Totenlade ist, die der Zimmermann von La Guaripa in aller Eile aus ungehobelten Brettern und schlecht genagelt jedesmal dann anfertigt, wenn ein Mann mit einem nach Maß des Toten abgeschnittenen Seil aus den Sümpfen auftaucht. Zu jeder Tag- und Nachtstunde, in der ein Bote aus La Sierpe an die Tür des Zimmermanns von La Guaripa klopft, steht der Mann auf, um zu arbeiten, denn er weiß, daß der, der den Sarg braucht, wie schnell auch immer der Bote gewesen sein mag, seit mindestens sechs Stunden in einer Ecke liegt und zwischen Schweinen und Hühnern verwest.

Nicht immer ist der Mann, der wegen des Sarges kommt, schnell genug gewesen, um auf dem Weg nicht anderen Boten zu begegnen, die auch nach La Guaripa unterwegs sind, um Särge zu holen. Der in La Sierpe getrunkene Branntwein bewirkt eine bösartige Trunkenheit, deren Folgen nicht immer die üblichen Kopfschmerzen und die Übelkeit am nächsten Tage sind. Die Alkoholisierung und der Streit können auch ihren Teil beitragen, wenn die Verspätung des Sarges die Festlichkeiten bis in die Morgenstunden verlängert. Erst wenn der Tote in die Lade gelegt ist, packen die Leute ihre Spieltische und ihre Stände zusammen und gehen nach Hause, um neun Nächte später wieder in das Haus der Leidtragenden zurückzukehren und das Fest zu wiederholen.

Der Friedhof von La Guaripa

Traditionsgemäß werden die Toten von La Sierpe in La Guaripa begraben. Um auf dem Friedhof unterzukommen, braucht man keine Formalitäten beim Standesamt zu erfüllen und keine Erlaubnis zu beantragen. Unter einer Menge Kreuze liegen dort dichtgedrängt und unterschiedslos anonyme Männer, Frauen und Kinder, Opfer der Malaria und der Ruhr. Oder die geschwollenen und unförmigen Körper derjenigen, die als zehnte von Schlangen gebissen wurden. Nur die Leichen der Ertrunkenen und durch Machetehiebe Getöteten ruhen nicht auf dem feuchten und engen Friedhof von La Guaripa. Erstere läßt man, zur Erquickung der Stinkgeier, unbegraben, weil der Tod durch Ertrinken im seltsamen Moralkodex von La Sierpe ein unreiner Tod ist. Letztere begräbt der, der sie auf dem Weg findet, sobald er ein Loch gegraben hat, in dem der Körper sitzend ruhen kann.

Die lange Rückreise

Die Leiche wird nach La Guaripa von Freiwilligen begleitet, Männern und Frauen, die es aus Zuneigung zum Toten, aus Rücksicht auf die Leidtragenden oder nur tun, um weiterzufeiern. Der Sarg wird an vier Stäbe gebunden und auf den Schultern durch die Sümpfe getragen, auf den seichtesten Pfaden, damit den Trägern das Wasser nicht über die Gürtellinie reicht. Dem Körper folgt ein Geleit von Männern, die Flaschenkürbisse mit Branntwein tragen, und Frauen mit Kindern und Tieren, die die Begleitung nutzen, um in La Guaripa Einkäufe zu machen. Aber die Reise dauert doppelt so lange wie eine normale, denn es ist eine Reise mit ausgedehnten Aufenthalten, wo der Tote wieder zur nebensächlichsten Sache wird.

Wo der Trauerzug auf ein Haus stößt, wird angehalten, um zu plaudern und Kaffee und Branntwein zu trinken. Wenn man außer Durst auch Hunger hat, improvisieren die Besitzer des Hauses ein Mittagessen, indem sie ein Schwein oder mehrere Hühner als Beitrag zum Leichenbegängnis opfern. Aber der Anlaß der Reise kommt nicht ins Haus. Die Leiche wird an einer entlegenen Stelle des Weges zurückgelassen, von wo aus nicht der herbe Beweis herüberdringt, daß sie schon mehr als vierundzwanzig Stunden alt ist.

Vom nächstliegenden Ort in La Sierpe bis zu den ersten Häusern von La Guaripa können die Leidtragenden einen Toten nicht an einem Tage transportieren. Die Last ist zu unbequem durch den Sumpf zu tragen, und dazu kommen die Säumigkeit und Gleichgültigkeit derer, die das Geleit in eine geräuschvolle und abwechslungsreiche Reise verwandeln. Im allgemeinen trifft eine Leiche, die ihr Haus in Begleitung von einem halben

Dutzend Leuten verläßt, mit einem Gefolge von mehr als zwanzig in La Guaripa ein, denn unterwegs schließt sich dem Zug jeder an, der eine Reise aufgeschoben hat, weil ihm angenehme Gesellschaft fehlte. Oder der eine Feier aufgeschoben hat, weil ihm die Gelegenheit fehlte. Mindestens einen Tag und eine halbe Nacht plätschert die Gruppe im Sumpf, bahnt sich Pfade, trinkt, plaudert, trägt eine Lade, durch deren Ritzen der schwere üble Geruch des Toten entweicht. Erst wenn sie den trockenen Boden von La Guaripa erreichen, bemühen sich die Leidtragenden, die verlorene Zeit aufzuholen, und setzen sich in Trab.

Der fröhliche Tote

Das ist keine Spielerei. Es ist eine Zeremonie. Wer von La Sierpe gehört hat, weiß auch von einem seiner pathetischsten Bräuche: dem fröhlichen Toten. Es ist die dramatische Zeremonie, durch die die Leiche denen, die sie zum Begräbnis bringen, mitteilt, ob sie mit ihrem Zustand einverstanden oder unzufrieden ist.

Da die Leiche nicht in ein Leichentuch eingehüllt ist und in einer nach ungenauen Maßen gefertigten Lade liegt, paßt sie nicht immer genau in den Sarg. Wenn das Gefolge sich auf dem trockenen Boden von La Guaripa in Trab setzt, schlägt die nicht passende Leiche im Takt des fröhlichen Trotts ihrer Träger gegen die Bretter. Unter bestimmten Umständen poltert der Körper nicht in der Lade, und die Träger sehen sein Schweigen als Geständnis an, daß er sich im Tod nicht wohl fühlt. Aber in den meisten Fällen schlägt die Leiche im Rhythmus des Trottes auf, den sie übernimmt und hält. Dieses Zeichen läßt die Fröhlichkeit des Gefolges überschäumen und steigert das Vergnügen.

»Der Tote freut sich. Der Tote freut sich«, rufen dann die arglosen Bewohner von La Sierpe, die keuchend und glücklich in die Straße von La Guaripa einlaufen, wo sie einen übel zugerichteten und zersetzten Körper beerdigen wollen. Die Leiche eines Mannes, der gerecht war und mit kräftigen und gleichmäßigen Schlägen seines Kopfes gegen die Bretter bekanntmacht, daß er im Paradies glücklich ist.

Finale als zafra

Bei zwei Anlässen singt man die *zafra* auf den Äckern des Departements Bolívar: beim Einholen der Ernten und beim Ausheben der Gräber. In La Sierpe besteht dieser Brauch nur für den letzten Anlaß fort. So daß der Totengräber, wenn der Trauerzug mit dem fröhlichen Toten auf dem Friedhof ankommt, ihn am Rande der Grube erwartet und mit einer hell und bebend gesungenen Weise begrüßt, die aus der Gegend stammt und deren seltsame Schönheit und verwirrende Weisheit irgendwie an die Verse von Jorge Manrique erinnern. Die Weise hat einen einfachen Namen: ›*Zafra* vom tiefen Schmerz‹.

Zafra vom tiefen Schmerz

Der Sarg ist fürwahr ein Nachen,
wer sich einschifft, kehrt nicht wieder.
Und es ist ein Schlaf für immer,
nur Gott allein weiß das alles.

Diese Welt ist eine Kugel,
die niemals aufhört zu rollen,
was heute nicht ist, ist morgen,
wenn nicht gar in dieser Stunde.
Doch viele Leute vermuten,
das Geld sei nützlich für alles.
Gott ist ein Wesen von Adel,
gibt das Gute und das Schlechte.
Gemacht aus dem Holz der Zeder,
der Sarg ist fürwahr ein Nachen.

Die höchsten Türme dort oben
von jenem wahrhaften Tempel
werden fallen wie von jeher,
später, und stehen doch vollends.
Diese Wahrheit ist gewonnen,
sagen die, die es wissen,
nur wer hat, der wird verlieren:
Dem Armen geht nichts verloren.

Dies ist ein Meer, stets im Rollen,
wer sich einschifft, kehrt nicht wieder.

Gewiß pflegt Geld allerorten
viel Hochachtung zu erwecken,
aber wenn die Zeit hier endet,
wird der Tod uns alle holen.
Wer glaubt, daß er ihm entkomme
mit Geld und trotz des Geschickes,
weiß nicht, daß der Tod hienieden
den Armen holt und den Reichen.
So hat Christus es bereitet,
und es ist ein Schlaf für immer.

Mein Gedächtnis reicht nicht hin,
um es klarer auszusprechen,
aber wirklich tut Gott dies,
gibt das Gute und das Schlechte.
Und das sagen meine Lippen:
Der Mensch muß mit Milde walten,
immer gute Freunde haben
und niemandem Böses antun.
Die Welt dreht sich ohne Rast,
und nur Gott allein weiß das alles.

4. 4. 54

Don Gregorios kleine Welt*

Sevilla, im Departement Magdalena, ist ein Dorf mit vier Straßen und fünfunddreißig Grad im Schatten von alten und trostlosen Mandelbäumen. Es ist das einzige Dorf der Gegend, das nicht von der Eisenbahnlinie durchzogen wird. Dieser Umstand hat Sevilla zu einem Dorf anderer Art gemacht, mit kleinen, dunklen Häusern aus Brettern und mit Zinkdächern, die mitten in einer endlosen, geordneten Bananenpflanzung zusammengeballt sind.

In Sevilla gibt es ein Freilichtkino mit einem Baum an der Tür; ein Gemeindehaus mit einem weiteren Baum und fünf oder sechs Schenken – an den fünf oder sechs Ecken des Dorfes –, jede mit ihrem wohlgefälligen Baum an der Tür. In der Mitte zwischen allen Bäumen liegt der Platz und an einer Seite des Platzes die Kirche; ein enormes Gebäude, das aus architektonischer Sicht zu den interessantesten Dingen des Landes gehört, weil es innen wie außen ganz aus waagerechten Bohlen gemacht ist. Die Kirche ist das einzige Haus von Sevilla, das keinen Baum an der Tür hat.

Jenes heiße und trockene Dorf, in dem Menschen wohnen, die besser als sonst jemand mit den Geheimnissen der Erde vertraut sind, und das von den Erinnerungen an eine Zeit niedergedrückt wird, in der die Plantagenarbeiter Samstag abends Feuer aus Dollarscheinen abbrannten, jenes Dorf ist die kleine und erstickende, der Don Camillos so ähnliche Welt, in der Pater Gregorio de Jesús Dávila jeden Tag seine Messe liest und an Sonn- und Feiertagen die Predigten herunterleiert.

Am 19. dieses Monats, dem Tag des heiligen Joseph, versammelte sich Don Gregorios friedliche und fromme Gemeinde auf dem Platz, um an der traditionellen Prozession teilzunehmen, und wurde mit der Nachricht empfangen, daß der Patriarch zum ersten Mal in der Geschichte des Dorfes die Kirche nicht verlassen würde. So hatte der Pfarrer es verfügt, weil jemand hundertzwanzig Pesos gesammelt hatte, die angeblich für die Kirche sein sollten, die die Kirche aber nicht erhalten hatte. Das war eine Eigenmächtigkeit, ein Mißbrauch des öffentlichen

* Um die ›La Marquesita‹-Serie nicht zu unterbrechen, wurde dieser Text aus der chronologischen Reihenfolge herausgenommen. (Anm. d. Hrsg.)

Vertrauens, den Don Gregorio entschlossen war, einfach dadurch zu bestrafen, daß er nicht erlaubte, daß der heilige Joseph die Kirche verließ.

Aber Tatsache ist, daß der heilige Joseph sie wie jedes Jahr auf den Schultern einer schweigenden und ergriffenen Menge verließ. Es war eine Prozession mit Dorf und ohne Pfarrer, so wie Don Camillos unvergeßliche Prozession eine mit Pfarrer und ohne Dorf war. Es hatte genügt, daß irgend jemand andächtig ein Brett losriß, damit alle Gläubigen von Sevilla sich, durch die Frömmigkeit und das Beispiel angefeuert, an die gottesfürchtige Aufgabe machten, so lange Bretter von der Kirche loszureißen, bis die Lücke groß genug war, um den heiligen Joseph mit dem Jesuskind und seinem Lilienstengel hindurchzulassen.

Es gab also am 19. März doch eine Prozession in Sevilla. Allerdings sitzen seit dem 20. März fünf Bürger im Gefängnis, die beschuldigt werden, gegen den Willen des Pfarrers eine Prozession veranstaltet zu haben. Hohe kirchliche Persönlichkeiten haben sich eingeschaltet, damit sich das Leben in Sevilla wieder normalisiert. Aber trotz allem zeigt Don Gregorio weder Schwäche noch Verwirrung. Vom Erzengel der Gerechtigkeit erleuchtet, hält er jeden Tag eine Predigt, und er scheint entschlossen, sie so lange zu halten, bis die hundertzwanzig Pesos auftauchen; und er schreibt Briefe an die Zeitungen. Briefe und Predigten, in denen Sentenzen aus den Evangelien und Paragraphen aus dem Strafgesetzbuch einander aufwiegen.

Aber auch die fünf verhafteten Bürger lassen sich keine Schwäche oder Verwirrung anmerken. »Wer verstieß gegen die Anordnungen des Pfarrers?« hat man sie gefragt. Und sie haben – heute wie vor vierhundert Jahren – geantwortet: »Fuenteovejuna*, Herr.« *29. 3. 54*

* Die Bewohner des Dorfes Fuenteovejuna (›Dorf in Flammen‹ von Lope de Vega) antworteten so auf die Frage des Richters, wer den Großkomtur Guzmán getötet hätte. (Anm. d. Hrsg.)

Ein großes Ereignis

Wilhelm und Melitta tragen vielleicht keine Namen von Zwergen, aber sie sind es. Und außer Zwergen sind sie seit fünfundzwanzig Jahren Mann und Frau. Um gestern ihre Silberhochzeit zu feiern, legte Wilhelm Cut und Zylinder und Melitta ein langes Kleid und Schleier an. Sie schienen genau das, was sie waren: zwei Zwerge, die sich als Brautleute gekleidet hatten, um ihre fünfundzwanzig Jahre Eheleben zu feiern.

Als sie den riesigen Stephansdom in Wien betraten, hatte sich dort eine gewaltige Menge von zweitausend Kolossen zusammengefunden, um die Zwerge zu sehen. Zweitausend riesenhafte Ungeheuer in einem der größten Puppentheater der Welt. Es war eine Welt von Ungeheuern: unverhältnismäßig große Polizisten, die an der Tür Wache hielten, draußen enorme weiße Rösser, die vor ein halbes Dutzend unermeßlich großer Kaleschen gespannt waren, und eine Doppelreihe von zweitausend Riesen, die Wilhelm und Melitta vorbeischreiten sahen, die beiden einzigen normalen Personen in jenem schwindelerregenden Alptraum. *6. 4. 54*

Bulimie

Nur eine unbezwingliche Tierliebe konnte Irma Schaps dazu bewogen haben, trotz der schwierigen Lage in Deutschland fünfzehn Hunde in ihrer Wohnung zu halten. Nur einen einzigen zu haben, wäre schon zuviel Luxus für eine arme vierzigjährige Frau gewesen, deren nicht von einem Ehemann geteilte Einsamkeit statt dessen von jenen fünfzehn Tieren geteilt worden war, die für den Beitrag zum häuslichen Unterhalt keinen halben Ehemann wert waren, dafür aber dreißig, wenn es ans Essen ging.

Bei dem Heißhunger, den die Hunde sich überall auf der Welt leisten, kann man sich sehr gut den Hunger von fünfzehn Hunden zusammen in einem einzigen Haus in Wiesbaden, Deutschland, vorstellen, wo wenigstens zehn Familien nicht einen einzigen Hund haben, weil sie nichts haben, womit sie ihn ernähren könnten, und weil sie selbst schon ohne ihn häufig ein Hundeleben führen. Trotzdem hatte Irma Schaps im Widerspruch zu einer schrecklichen sozialen Wirklichkeit fünfzehn Hunde und damit die größte Menge Hunger in einem einzigen Haus, die man sich in einem Land vorstellen kann, das von einem Krieg verwüstet wurde, den ein Hund nur durch ein Wunder überleben konnte.

Allein deswegen muß Irma Schaps für ihre Nachbarn, unter denen es hoffentlich keinen Schriftsteller mit Vorliebe für erschütternd schaurige Themen gibt, eine seltsam phantastische Gestalt gewesen sein. Eine vierzigjährige Frau, die selbst verhungert und dabei von dem fünfzehnfachen Hunger ihrer fünfzehn Hunde umgeben ist, ist gewiß kein beruhigender Anblick. Dort war ein düsteres Drama im Entstehen, eines jener pathetischen Geschehen, die Hesekiel gewiß nicht vergaß.

Am letzten Freitag – Karfreitag! – wurde Irma Schaps in einer bescheidenen Wohnung in Wiesbaden, Deutschland, von ihren fünfzehn Hunden verschlungen. Nichts anderes konnte jemandem passieren, der allen Widerständen zum Trotz das schauerliche Vergnügen genoß, in seinem Hause soviel Hunger zu nähren.

19. 4. 54

›Das Wunder von Mailand‹ hat zwei gegensätzliche Arten von Zuschauern gleichermaßen verwirrt: die Bewunderer von ›Fahrraddiebe‹, ›Deutschland, Stunde Null‹ und der italienischen Nachkriegsproduktionen im allgemeinen sowie die Bewunderer von ›Der Dieb von Bagdad‹, ›Der Unsichtbare‹ und der Zeichentrickfilme von Walt Disney. Die ersten zeigen sich verblüfft angesichts der Tatsache, daß die Meister des filmkünstlerischen Realismus die Elenden aus den Baracken auf Besen fliegen und nicht Hungers sterben lassen, wie es natürlich gewesen wäre. Die anderen vermögen nicht zu begreifen oder zu akzeptieren, daß ein Märchen auf einem Müllabladeplatz abläuft, in dem die orientalischen Prinzen durch eine Schar von Bettlern ersetzt worden sind.

›Totó il buono‹, der Roman, dem ›Das Wunder von Mailand‹ entnommen worden ist, hatte als Schauplatz eine imaginäre Stadt, in der die Phantasie des Autors vollkommene Freiheit genoß. Eine übernatürliche Stadt namens Bamba. Cesare Zavattini, der Verfasser des Romans, und Vittorio de Sica zogen es bei der Filmbearbeitung vor, die Handlung in eine wirkliche Stadt, Mailand, zu verlegen, wo die Armen ganz arm und die Reichen märchenhaft reich sind. Die Verpflichtung gegenüber dem Publikum war also schwerer zu erfüllen, denn es kam darauf an, die Phantasie zu vermenschlichen, die Fabel durch den Filter des harten italienischen Realismus zu geben, ohne daß jene ihren Zauber und dieser seine hohe menschliche Temperatur verlor. In ›Fahrraddiebe‹ gibt es eine Episode, die ebenso phantastisch ist wie die der Besen in ›Das Wunder von Mailand‹: die der Hellseherin, die Ricci aufsucht, um den Verbleib seines Fahrrads zu erfahren, und deren Prophezeiung (»entweder du findest es heute, oder du findest es nie«) im Film ganz genau in Erfüllung geht. Jedoch wurde jene phantastische Episode so geschickt mit den Elementen der Wirklichkeit verschmolzen, daß ihr übernatürliches Wesen unbemerkt blieb.

Die Geschichte von ›Das Wunder von Mailand‹ ist ein richtiges Märchen, nur daß es sich in einer ungewöhnlichen Umgebung vollzieht und das Wirkliche und das Phantastische auf geniale Weise derart vermischt sind, daß man oft nicht erkennen kann, wo das eine aufhört und das andere anfängt. Zum Beispiel: Die Entdeckung einer Erdölquelle ist ein ganz natürliches Ereignis. Aber wenn das hervorquellende Erdöl raffiniert und reines Benzin ist, wird die Entdeckung vollkommen phantastisch, ebenso wie der Umstand, daß es von nun an genügt, mit dem Finger in der Erde zu bohren, damit Erdöl herausquillt. Ein weiteres Beispiel: Die Szene der sich um einen Sonnenstrahl zankenden Vagabunden ist als ein phantastisches Ereignis angesehen worden, ist aber ganz realistisch. Und was den zahnlosen Alten betrifft, der ein Huhn ißt, muß man ehrlicherweise zugeben, daß man letzten Endes nicht weiß, ob es das realistischste oder das phantastischste von allen ist. Das gleiche gilt für die Beerdigung von Frau Lolotta, die in ästhetischer Hinsicht genial ist.

Wenn man die Geschichte ohne dumme Vorurteile auf sich wirken läßt, ist sie von schöner Schlichtheit: Ein Waisenknabe, der der Inbegriff der Gutherzigkeit ist, organisiert und leitet ein Vagabundenvolk auf dem Müllabladeplatz von Mailand. Bei einer Ausgrabung entdeckt man Erdöl, und wie nicht anders zu erwarten, entdeckt man auch, daß der Müllabladeplatz einen Eigentümer hat. Der reiche Besitzer, Herr und Gebieter über die Stadt, versucht, die Bettler von seinem Land zu vertreiben, und als diese sich widersetzen, ruft er die Polizei zu Hilfe. Der Widerstand der Vagabunden läßt bereits allmählich nach, als der Geist von Frau Lolotta, der Alten, die Toto aufzog, diesem eine Taube übergibt, in deren Gegenwart jeder auch noch so phantastische Wunsch erfüllt wird. Von diesem Augenblick an teilt Toto Wunder in einer Fülle aus, wie sie von dem ehrlichsten, gutherzigsten und dümmsten Jungen der Welt zu erwarten war.

Ist das nicht eine alte Geschichte, die aus abgenutzten Elementen zusammengesetzt wurde? Wo liegt der Unterschied zwischen Totos Taube und Aladins Lampe? Wo liegt der Unterschied zwischen Frau Lolottas Geist und dem von Prinz Hamlets Vater und zwischen den Erscheinungen der einen und des andern nach dem Tode? Wo liegt der Unterschied zwischen den Erdölquellen und den goldenen Eiern des Huhns aus dem Märchen? Seit wann ist es etwas Neues, daß Besen fliegen? Und seit wann ist die Idee originell, daß die Statuen Leben annehmen und die Reichen sich an die Polizei wenden, um die Armen von ihren Ländereien zu vertreiben?

Das Ungewöhnliche an der Geschichte von ›Das Wunder von Mailand‹ ist nicht die Geschichte selbst, die aus allen Abfällen der phantastischen Literatur gemacht ist, wie man gesehen hat. Das Ungewöhnliche ist die Art, wie Vittorio de Sica sie unter Mitwirkung von Francesco Golisano erzählt hat, einem häßlichen und reizlosen Jungen, wie Toto es gewesen sein muß, dessen Rolle er spielt. Die menschliche Kraft, die die Regisseure von ›Das Wunder von Mailand‹ der Handvoll Bettler einzuflößen vermochten, der Wahrheitsgehalt jeder auch noch so unsinnig erscheinenden Situation, die Atmosphäre aus nacktem Elend und unendlichem Traum und die Lebendigkeit, die sich sogar auf die Statuen überträgt, sind das, was ›Das Wunder von Mailand‹ zu einem außergewöhnlichen, überzeugenden, menschlichen, stets vom Hauch der Genialität durchdrungenen Film macht.

In technischer Hinsicht ist die Verfilmung von ›Das Wunder von Mailand‹ makellos. Man darf die Tatsache nicht aus den Augen verlieren, daß es fast buchstäblich ein Stummfilm ist, in dem alle Ausdrucksmöglichkeiten des Bildes genutzt worden sind, nach Art der großen Meister aus den heldischen Zeiten des Films, bevor die Erfindung der Tonspur das reine Bild von seiner streng erzählerischen Funktion entlastete. Mit seiner Rückkehr zu jener Epoche, die die Fachleute als das goldene Zeitalter des Films ansehen, hat Vittorio de Sica ein Meisterwerk, ein unvergängliches Kunstwerk geschaffen.

Die Musik von Alexandro Sicocnini vermittelt gewissen Szenen einen seltsamen Unterton bitterer Ironie und trägt in jedem Augenblick dazu bei, daß der Film jene allgemeine Ausgewogenheit bewahrt, die von Totos Auffindung im Blumenkohl (womit zweifellos auf den kindlichen Mythos angespielt werden sollte, daß die Babys aus dem Blumenkohl kommen) bis zur kollektiven Flucht auf den Besen reicht. Hervorzuheben ist außerdem die Ausführung der Tricks (vor allem Frau Lolottas Geist und die athletischen Engel) unter der besonderen Regie von Ned Mann, der fotografisch von Vaclav Vich und Enzo Barboni unterstützt wurde.

›Das Wunder von Mailand‹ erinnert in der Haltung der Vagabunden gegenüber dem Leben und besonders in der Szene des Sonnenstrahls und in der Art und Weise, wie Toto den Gefährten tröstet, der Selbstmord begehen will, an Chaplin. Es erinnert in der Quelle raffinierten Erdöls, die jeder Bewohner des Müllabladeplatzes im Garten seines Hauses hat, an René Clair, und es erinnert in jedem Augenblick, in jedem Situationswechsel, in jeder Nuance an die großen Meister des Films, die de

Sica und Zavattini zu assimilieren und, ohne sie nachzuahmen, ihren eigenen großen Zielen anzupassen wußten.

Ohne Zweifel wird das Publikum dieses Meisterwerk der Filmkunst gebührend zu schätzen wissen, das im übrigen bis gestern die einzige beachtenswerte Premiere der Woche war.

24. 4. 54

Ein Mann kommt im Regen

Andere Male hatte sie derselbe jähe Schrecken durchfahren, wenn sie dasaß, um dem Regen zu lauschen. Sie hörte die eiserne Gittertür knarren; sie hörte Männerschritte auf dem Backsteinpfad und das Geräusch von Stiefeln, die auf dem Boden vor der Türschwelle abgetreten wurden. Viele Nächte wartete sie darauf, daß der Mann an die Tür klopfte. Aber dann, als sie die unzähligen Geräusche des Regens enträtseln lernte, dachte sie, daß der imaginäre Besucher die Schwelle nie überschreiten würde, und sie gewöhnte sich an, nicht auf ihn zu warten. Es war ein endgültiger Entschluß, den sie in jener stürmischen Septembernacht vor fünf Jahren gefaßt hatte, als sie über ihr Leben nachdachte und sich sagte: »Wenn ich so weitermache, werde ich nur alt.« Von da an veränderten sich die Geräusche des Regens, und andere Laute ersetzten die Männerschritte auf dem Backsteinpfad.

Es ist wahr, daß trotz ihres Entschlusses, nicht mehr auf ihn zu warten, die eiserne Gittertür gelegentlich wieder knarrte und der Mann vor der Türschwelle von neuem seine Stiefel abtrat, wie früher. Doch da wurden ihr schon neue Enthüllungen des Regens zuteil. Da hörte sie wieder Noël, als er fünfzehn Jahre alt war, wie er seinen Papagei im Katechismus unterwies; und sie hörte das ferne und traurige Lied des Grammophons, das sie einem Trödler verkauften, nachdem der letzte Mann in der Familie gestorben war. Sie hatte gelernt, die in der Vergangenheit des Hauses verlorenen Laute, die reinsten und liebsten Laute, aus dem Regen zu retten. So daß es viel wunderbar und überraschend Neues in jener Sturmnacht gab, als der Mann, der so oft die eiserne Gittertür geöffnet hatte, den Backsteinpfad entlangging, vor der Türschwelle hustete und zweimal an die Tür klopfte.

Das Gesicht von unbezwinglicher Erregung verdüstert, machte sie eine kurze Handbewegung, blickte dahin, wo die andere Frau war, und sagte: »Da ist er schon.«

Die andere saß am Tisch, die Ellbogen auf die groben ungehobelten Eichenbretter gestützt. Als sie das Klopfen hörte, wandte sie den Blick zur Lampe und schien von einer unheimlichen Erregung geschüttelt.

»Wer kann das sein um diese Zeit?« sagte sie.

Und sie, die sich nun wieder gefaßt hatte, mit der Bestimmtheit von jemand, der einen viele Jahre lang durchdachten Satz ausspricht: »Darauf kommt es nicht an. Wer immer es ist, er muß vor Kälte erstarrt sein.«

Die andere stand auf, während sie ihr aufmerksam mit dem Blick folgte. Sie sah sie die Lampe nehmen. Sie sah sie im Korridor verschwinden. Sie hörte vom halbdunklen Wohnzimmer aus und im Geräusch des Regens, das durch die Dunkelheit verstärkt wurde, die Schritte der anderen, die sich auf den losen und ausgetretenen Backsteinen der Diele hinkend entfernte. Dann hörte sie die an die Wand stoßende Lampe und danach den Riegel, wie er in den verrosteten Ringen zurückglitt.

Einen Augenblick lang hörte sie nichts als ferne Laute: Noëls lange zurückliegende und glückliche Ansprache, als er auf der Tonne saß und seinem Papagei Nachrichten von Gott überbrachte. Sie hörte das Knirschen des Rads im Hof, als Papa Laurel das Tor öffnete, um den Karren mit den beiden Ochsen hereinzulassen. Sie hörte Genoveva, die wie immer das Haus in Aufruhr versetzte, weil »immer dieses verflixte Bad besetzt ist«. Und dann wieder Papa Laurel, der seine Soldatenflüche losließ und Schwalben mit dem Gewehr umlegte, das er im letzten Bürgerkrieg benutzt hatte, um ganz allein eine ganze Division der Regierung zu vernichten. Sie dachte sogar, daß das Ereignis diesmal über das Klopfen an der Tür nicht hinausgehen würde, so wie es vorher nicht über die vor der Türschwelle abgetretenen Stiefel hinausgegangen war; und sie dachte, daß die andere Frau geöffnet und im Regen nichts als die Blumentöpfe gesehen hatte und die traurige und verlassene Straße.

Doch dann erkannte sie allmählich Stimmen in der Dunkelheit. Und sie hörte wieder die bekannten Schritte und sah die langgezogenen Schatten an der Dielenwand. Da wußte sie, daß der Mann, der die eiserne Gittertür öffnete, nach vielen Lehrjahren, nach vielen Nächten des Zögerns und der Reue, beschlossen hatte, einzutreten.

Die andere Frau kam, gefolgt von dem Ankömmling, mit der Lampe zurück; sie stellte sie auf den Tisch, und er zog – ohne aus dem Lichtkreis herauszutreten – den Regenmantel aus, das vom Unwetter gezeichnete Gesicht zur Wand gerichtet. Da sah sie ihn zum ersten Mal. Zunächst schaute sie ihn mit einem umfassenden Blick an. Dann betrachtete sie ihn prüfend von den Füßen bis zum Kopf, erforschte ihn Glied für Glied, mit einem durchdringenden, aufmerksamen und ernsten Blick, als ob sie anstelle eines Mannes einen Vogel untersuchte. Schließlich wandte sie die Augen zur Lampe und dachte: »Das ist er jedenfalls. Obwohl ich ihn mir etwas größer vorgestellt hatte.«

Die andere Frau schob einen Stuhl an den Tisch. Der Mann setzte sich, schlug ein Bein über das andere und löste den Schnürsenkel des Stiefels. Die andere setzte sich neben ihn, während sie spontan mit ihm über etwas sprach, das sie vom Schaukelstuhl aus nicht verstehen konnte. Aber vor den wortlosen Gebärden fühlte sie sich aus ihrer Verlassenheit erlöst, und sie bemerkte, daß die staubige und sterile Luft von neuem wie früher roch, als ob die Zeit wiedergekommen wäre, in der die Männer da waren, die schwitzend in die Alkoven traten, und in der die unbekümmerte und gesunde Ursula jeden Nachmittag um fünf nach vier ans Fenster lief, um den Zug zu verabschieden. Sie sah ihn gestikulieren und freute sich darüber, daß der Unbekannte sich so verhielt, daß er begriff, daß er nach einer schwierigen, oft berichtigten Reise durch das Unwetter endlich das verlorene Haus gefunden hatte.

Der Mann begann, sich das Hemd aufzuknöpfen. Er hatte die Stiefel ausgezogen und sich über den Tisch gebeugt, um sich an der Wärme der Lampe zu trocknen. Da stand die andere Frau auf, ging zum Schrank und kehrte mit einer halbvollen Flasche und einem Glas zurück. Der Mann griff den Hals der Flasche, zog den Korken mit den Zähnen heraus und schenkte sich ein halbes Glas grünen und dickflüssigen Likör ein. Dann trank er, ohne Atem zu holen, mit fieberhafter Gier. Und während sie ihn vom Schaukelstuhl aus beobachtete, erinnerte sie sich an jene Nacht, als die Gittertür zum ersten Mal geknarrt hatte – es war so lange her! –, und sie dachte, daß außer jener Flasche Pfefferminzlikör nichts im Hause war, um es dem Besucher zu geben. Sie hatte zu ihrer Gefährtin gesagt: »Man muß die Flasche im Schrank lassen. Es kann sein, daß jemand sie irgendwann einmal braucht.« Die andere hatte zu ihr gesagt: »Wer?« Und sie: »Irgend jemand«, hatte sie geantwortet. »Es ist immer gut, vorbereitet zu sein, falls jemand kommt, wenn es regnet.« Seitdem waren viele Jahre vergangen. Und jetzt war der vorausgeahnte Mann da und goß sich mehr Likör ins Glas.

Doch diesmal trank der Mann nicht. Als er sich anschickte, es zu tun, verirrte sich sein Blick ins Halbdunkel oberhalb der Lampe, und sie fühlte zum ersten Mal die lauwarme Berührung seines Blickes. Sie begriff, daß der Mann bis zu diesem

Augenblick nicht gemerkt hatte, daß noch eine Frau im Hause war; und da begann sie, sich zu schaukeln.

Einen Augenblick lang prüfte der Mann sie mit indiskreter Aufmerksamkeit. Eine vielleicht gewollte Indiskretion. Sie geriet zunächst in Verwirrung, doch dann stellte sie fest, daß jener Blick ihr auch vertraut war und daß trotz seiner forschenden und etwas impertinenten Eindringlichkeit viel von Noëls übermütiger Gutherzigkeit und auch ein wenig von der geduldigen und ehrlichen Unbeholfenheit seines Papageien darin waren. Deshalb begann sie, sich zu schaukeln, während sie dachte: »Papa Laurel hätte ihn eingeladen, im Gemüsegarten mit ihm Kaninchen zu jagen.«

Gegen Mitternacht wurde der Sturm heftiger. Die andere hatte ihren Stuhl an den Schaukelstuhl herangeschoben, und die beiden Frauen verweilten dort schweigend, unbeweglich, den Mann ansehend, der sich neben der Lampe trocknete. Ein loser Ast des Mandelbaums nebenan schlug mehrmals gegen das unverriegelte Fenster, und die Luft des Wohnzimmers wurde feucht von einem Schwaden Unwetter. Sie fühlte den schneidenden Saum des Hagelschauers im Gesicht, aber sie bewegte sich nicht, bis sie sah, daß der Mann den letzten Tropfen Pfefferminzlikör ins Glas rinnen ließ. Ihr schien es, als ob jener Anblick etwas Symbolhaftes habe. Und da erinnerte sie sich an Papa Laurel, wie er, im Geflügelhof verschanzt, allein kämpfte und mit einer Schrotflinte für Schwalben Regierungssoldaten umlegte. Und sie erinnerte sich an den Brief, den Oberst Aureliano Buendía ihm geschrieben hatte, und an den Hauptmannsrang, den Papa Laurel mit den Worten abgelehnt hatte: »Sagen Sie Aureliano, daß ich das nicht wegen des Krieges getan habe, sondern um zu verhindern, daß diese Barbaren meine Kaninchen aufessen.« Es war, als ob sie in jener Erinnerung auch den letzten Tropfen Vergangenheit, der noch im Hause war, ausgeschenkt hätte.

»Ist sonst noch etwas im Schrank?« fragte sie beklommen.

Und die andere sagte im selben Ton, in derselben Lautstärke, von der sie annahm, daß er sie nicht hören könnte: »Nichts. Erinnere dich daran, daß wir am Montag die letzte Handvoll Bohnen aßen.«

Und dann blickten sie, besorgt, daß der Mann sie gehört haben könnte, erneut zum Tisch hinüber, aber sie sahen nur die Dunkelheit ohne den Tisch und den Mann. Trotzdem wußten sie, daß der Mann dort war, unsichtbar neben der ausgebrannten Lampe. Sie wußten, daß er das Haus nicht verlassen würde, solange es nicht aufhörte zu regnen, und daß das Wohnzimmer sich in der Dunkelheit so sehr verkleinert hatte, daß es kein Wunder wäre, wenn er sie gehört hätte. *9. 5. 54*

Ein Schriftsteller im Gefängnis

Der Schriftsteller Giovanni Guareschi wurde gestern in das Gefängnis von Parma eingeliefert, wo er auf Grund eines Verleumdungsprozesses, den Exminister Alcide de Gasperi gegen ihn angestrengt hatte, eine einjährige Haftstrafe verbüßen wird. Dem Anschein nach befreit sich Italien für eine Zeitlang von den journalistischen Streichen Guareschis, der sicherlich vom Gefängnis aus weiterhin sein satirisches Wochenblatt leiten wird, wenn auch ohne viele Möglichkeiten, Untersuchungen vorwegzunehmen und Debatten zu verursachen wie die, die ihn ins Gefängnis gebracht haben.

Trotzdem gibt es etwas, das man vielleicht nicht ins Auge gefaßt hat: Wird Guareschi nicht im Gefängnis gefährlicher sein als draußen? Wenn die italienischen Gefängnisse so sind wie die kolumbianischen – und anscheinend existieren keine gewichtigen Gründe, die das Gegenteil vermuten lassen –, wird der berühmte Schriftsteller gewaltige Argumente gegen Italiens Behörden und besonders gegen die Justiz und das Strafvollzugssystem finden.

Indem man Guareschi für eine Zeitlang von der Gesellschaft zu isolieren trachtete, hat man ihn sehr wahrscheinlich mit einer schlimmeren und unerbittlicheren Wirklichkeit als der in Berührung gebracht, die der Schriftsteller auf der Straße zu bekämpfen versuchte. Zumindest wäre das der Fall, würde er sich in Kolumbien befinden.

Zwischen den vier Wänden einer Zelle kann man besser als an irgendeinem anderen öffentlichen Ort die tatsächliche Zersetzung dessen kennenlernen, was draußen, im sozialen Kampf von Rom, in der Strenge des Piamonte oder in Neapels Geschwätzigkeit verborgen ist. Guareschi wird feststellen – oder würde es feststellen, wenn er in Kolumbien wäre –, daß es sich bei der Justiz um eine Maschinerie handelt, die nicht imstande ist, das physische und moralische Problem eines Menschen zu verstehen, dessen Situation aufgrund der Nachlässigkeit oder der Bestechlichkeit der Beamten nicht geklärt worden ist. Er wird merken, daß die Gefängnisse bei weitem keine Anstalten zur Resozialisierung, sondern Brutstätten der Perversion sind. Er wird Gelegenheit haben, das hygienische Problem zu studieren, das der sanitären Anlagen, die die Gesundheit der Sträflinge gefährden, und das der Zellen, in denen mehr Menschen zusammengedrängt leben, als Tiere angemessen auf denselben Quadratmetern hausen könnten. Er wird das schreckliche sexuelle Problem analysieren und die seelischen Störungen, zu denen die finstere Promiskuität in den Gefängnissen führen kann.

Wenn die Dinge dort so sind wie hier, ist es möglich, daß Guareschi ein Buch über das Gefängnis schreiben wird. Und er wird so viele Dinge zu sagen haben, daß es durchaus nicht verwunderlich wäre, wenn man ihn von neuem verurteilte.

28. 5. 54

Der kühnste aller Vorwände

Vielleicht kann man sich ohne ein Übermaß an Argwohn nicht vorstellen, daß ein Mann nur deshalb wagt, den Pazifischen Ozean auf einem Floß zu überqueren, weil er vier Monate lang allein sein möchte. Aber wenn der, der es tut, einundsechzig Jahre alt und vierzig davon verheiratet ist und sich auf dieses kühne Abenteuer einläßt – das schon fast ein seniles Abenteuer ist –, seine schluchzende Gattin am Kai zurückläßt und statt dessen eine Katze und einen Papagei mitnimmt, damit sie ihm auf der Überfahrt Gesellschaft leisten, ist es sehr wahrscheinlich, daß er es nicht so sehr aus wissenschaftlicher Neugier und Hingabe tut wie aus dem unausgesprochenen Wunsch heraus, sich vier Monate lang als Junggeselle zu fühlen, und sei es inmitten der stürmischen Gefahren des Meeres.

Das scheint der Fall von William Willis zu sein, einem New Yorker Dramatiker, der vor zwei Tagen unter den erwähnten Umständen in See stach, um ganz allein das Unternehmen der Besatzung der »Kon-Tiki« zu wiederholen, ohne allerdings zu sagen, zu welchem Zweck. Selbstverständlich ist zu vermuten, daß er seiner Frau nicht sagte, er begehe diese Wahnsinnstat in der Absicht, Erfahrungen für ein Theaterstück zu sammeln; denn ein Mann, der über genug Vorstellungskraft verfügt, um heroisch dem häuslichen Leben zu entfliehen, muß ein Meister in der Erfindung von Entschuldigungen sein, um spät nach Hause zu kommen. Wer weiß, was für teuflische dramatische Mittel dieser schwimmende Robinson Crusoe einsetzte, damit seine Frau Tess ihm erlaubte, für vier Monate das Haus zu verlassen, ohne zu mutmaßen – bei jener ungeheuren Phantasie, die den Ehefrauen von Dramatikern zweifellos eigen ist –, daß ihn zwölf Meilen vor der peruanischen Küste eine Freundin mit angeblichen Neigungen zu einsamer Seefahrt erwartete, um aus dem Humboldtstrom einen möglichst großen sentimentalen Nutzen zu ziehen.

William Willis' Überzeugungskraft ist so erstaunlich, daß seine Frau das Märchen vom wissenschaftlichen Drang vollauf schluckte und ihn mit jener Unbefangenheit auslaufen ließ, über die die scharfsinnigen Frauen verfügen, wenn man ihnen alles, absolut alles außer der Wahrheit sagt. Die arglose Gattin erinnerte sich nicht einmal daran, daß die größte Gefahr, die einen

Mann auf hoher See auch noch mit einundsechzig Jahren seit Odysseus' Zeiten bedroht, der Gesang der Sirenen ist.

Alles gelang William Willis wunderbar. Und zu dieser Stunde segelt er sicher glücklich – um so mehr, wenn Gegenwinde wehen – dahin und genießt behaglich den angenehmen Vorwand des Humboldtstroms; mit seiner Katze und seinem Papagei, neben Pantoffeln die traditionellen Symbole des Junggesellen. Die unentbehrlichen Pantoffeln, die dieser ungewollte, heldenhafte und seefahrende Gideon zweifellos auch nicht vergaß.

23. 6. 54

Literaturismus

Es gibt noch Leute, die gegen die Schauerdramen mit hohem Sensationsgehalt protestieren, in denen es pro Quadratkilometer mehr Blut als Protagonisten gibt und deren Leser oder Zuschauer sich in acht nehmen müssen, damit sie nicht selbst Opfer der Tragödie werden. Trotzdem ist das wirkliche Leben gelegentlich schauriger.

Da ist der Fall, der sich in der Gemeinde San Rafael, Antioquia, ereignete und den jeder Literaturkritiker als übertrieben und nicht lebensecht verurteilen würde. Erstens handelt es sich um einen Fall von Rivalität zwischen zwei Familien, ein Kunstgriff, der literarisch abgehalftert scheint, weil sehr wenige Personen bereit sind, einer Situation die Gültigkeit beizumessen, die sie vor zwei Jahrhunderten hatte. Trotzdem entstand das blutige Sensationsstück aus San Rafael aufgrund einer Familienrivalität, und wem diese Situation falsch erscheint, dem bleibt nichts anderes übrig, als das wirkliche Leben wegen seiner kläglichen Phantasie und seines übertriebenen Hanges zum Herkömmlichen zu verdammen.

Wie zu erwarten war, geschah ein Verbrechen. Aber kein schlichtes Verbrechen, sondern ein aufsehenerregender Mord, bei dem der Täter zunächst einmal seine Flinte auf das Opfer abfeuerte. Und dann begann für die Literatur erst richtig die Bescherung: Als die Waffe auf den Körper des Opfers leergefeuert war, hieb der Täter mit der Machete auf die Leiche ein, und dann schnitt er ihr in einem Exzeß von Grausamkeit, der irgendwie auf die tatarische Abstammung einiger Kolumbianer schließen läßt, die Zunge ab, ohne vorher zu überlegen, was er mit ihr machen würde, wie er in der Tat auch nichts mit ihr machte.

Der Vorfall ist – bei dem derzeitigen Kurswert seiner journalistischen Gewichtigkeit – nicht mehr als zwei Spalten auf der Seite für Nachrichten aus den Departements wert gewesen. Es ist eine Bluttat wie jede andere. Mit dem Unterschied, daß sie in der heutigen Zeit nichts Besonderes ist, denn als Nachricht ist sie zu alltäglich und als Roman zu schaurig.

Man sollte dem wirklichen Leben etwas mehr Takt anempfehlen.

23. 6. 54

Es ist kein reiner Zufall

In Cali ist wieder einmal, mit aufgefrischtem dokumentarischem Ungestüm, die uralte Polemik über die Existenz Marias ausgebrochen, der Heldin von Jorge Isaacs und seit einem Jahrhundert geistigen Mutter der kolumbianischen Jünglinge. Bei zweihundert Jahren nationaler Geschichte und in einem Lande, dessen Bewohner erst jetzt das Privatleben ihrer Nachbarn zu ignorieren beginnen, verschafft diese Art von Problemen unserer Zeit eine Atmosphäre von historischer Dichte und Altertümlichkeit, von rassischer Begriffsverwirrung, von verworrenem Kosmopolitismus, die in Wirklichkeit nicht einen Fingerbreit dick ist. Gleich dort, sozusagen um die Ecke, hängt noch der Pulvergeruch des Unabhängigkeitskrieges, und trotzdem streitet man sich über die Identität einer literarischen Gestalt, die, wenn sie existiert hätte, nichts weiter wäre als eine vornehme und langlebige Matrone von hundert Jahren oder aber ein schönes Andenken von zwanzig Jahren, denen achtzig Jahre Grabruhe folgten.

Es ist ein kolumbianisches Laster: herauszufinden, ob Maria – die romantische Heldin aus ›María‹ – existierte oder ob Arturo Cova und Clemente Silva – aus ›Der Strudel‹ – existierten, oder durch fleißige genealogische Nachforschungen zu ergründen, wer die Gefährtin jenes »langen Schattens« von José Asunción Silvas ›Nocturno‹ war. Bei solchen Ermittlungen wird uns die Geschichte davonlaufen.

Und dennoch liegt das Problem seit einem Jahr anders: Die Romanschriftsteller der *violencia* – irgendwie muß man sie bezeichnen – bemühen sich aufzuzeigen, daß ihre Gestalten völlig real sind, und es gibt sehr wenige Leser, die ihren Bezeugungen Glauben schenken. Während ein beachtlicher Sektor im Lande hartnäckig zu beweisen sucht, daß Maria existierte oder daß sie nicht existierte, daß Arturo Cova oder Clemente Silva oder Zoraida nicht existierten – oder doch wirklich existierten –, sucht ein anderer Sektor hartnäckig zu beweisen, daß seine Gestalten tatsächlich aus Fleisch und Blut sind, obwohl es sehr wenige Leser zu geben scheint, die das akzeptieren.

Die zweckmäßigste Lösung liegt auf der Hand: daß man nicht darüber polemisiert, ob Maria, Arturo Cova und Clemente Silva existierten. Daß man neue Gestalten in der kolumbianischen Literatur schafft, denn darauf kommt es an, auch wenn sie keine getreuen Abbilder des wirklichen Lebens, sondern besser reine und wunderbare Phantasiegeschöpfe sind. Selbst wenn die kolumbianischen Schriftsteller in Zukunft, um Verwirrungen zu vermeiden, den Hinweis geben müßten: »Jede Ähnlichkeit oder Übereinstimmung zwischen Gestalten dieses Romans und Gestalten des wirklichen Lebens ist kein reiner Zufall, sondern das Ergebnis mühevoller Arbeit des Verfassers.« *28. 6. 54*

Philosophie wörtlich genommen

Jemand hat gesagt: »Ein Selbstmörder ist eine Person, die sich tötet, weil sie Angst vor dem Tode hat.« Wir haben uns an diese Definition erinnert, als wir die aus Cali stammende Meldung über eine Frau lasen, die versucht hatte, sich das Leben zu nehmen, »weil ich glücklich war«, wie sie sagte.

Fröhlich, überaus fröhlich zu sein, bis zu dem Grade, daß man einen halben Liter Zeckengift trinkt, ist ein geistiger Zustand, der vielleicht ein weites Versuchsfeld für die Psychiater bietet, doch menschlich gesehen birgt er wohl weniger ein Geheimnis. Der Mensch ist traurig, wir wissen nicht, ob von Natur oder weil er unterwegs gelernt hat, es zu sein. Aber wie auch immer, seine Augenblicke übergroßer Freude sind so selten, daß nichts Sonderbares daran ist, wenn er diesen Augenblick zu nutzen beschließt, um sich eine radikale Trunkenheit mit Zeckengift zu verschaffen, wie es das scharfsinnige Mädchen aus Cali aus Furcht davor tat, daß die Freude vorübergehend sei und es gleich danach wieder traurig sein müsse, mit der Erschwernis, daß die neue Traurigkeit mit der Erinnerung an die einen Augenblick genossene und dann verlorene Glückseligkeit noch trauriger sein würde.

Das Schlimme ist, daß man nicht genau weiß, was nach dem Zeckengift kommt. Die Folgen dieses blitzartig wirkenden Giftes müssen bitterer sein als die des Alkohols, die man immerhin im praktischen Leben, im Nebel vom Montag, zu ertragen hat und nicht im engen und unendlichen Tunnel von vier Zedernbrettern. Zeckengift zu trinken, weil man fröhlich ist, ist eine Initiative, die philosophisch erklärbar sein könnte, aber es gibt wahrhaftig weniger dramatische Möglichkeiten, die Philosophie ernst zu nehmen. *8. 7. 54*

Der Mann, der das Cellophan erfand

In Zürich starb im Alter von zweiundachtzig Jahren einer der großen Wohltäter der Menschheit: Jacques Edwin Brandenberg, Schweizer Chemiker, Erfinder des Cellophanpapiers. Ihm zu Ehren beseitigen wir gerührt die Anführungsstriche und schreiben: Cellophanpapier, ohne die Krücken, die diesem Wort gedient haben, um sich durch die spanische Sprache zu bewegen, deren in Cellophanpapier eingewickelte Akademiker nicht die Güte gehabt haben, ihrer eigenen Verpackung das Beglaubigungsschreiben zu überreichen.

Vielleicht ist Jacques Edwin Brandenberg gestorben, ohne je daran zu denken, daß die Menschheit ihm etwas Poetischeres verdankt als eine undurchlässige Substanz. Seine großartige Vorstellungskraft des Gelehrten, der eine lichte Materie finden wollte, die zum Einwickeln von Bonbons dienen würde, entdeckte das wunderbare Geheimnis, das Glas zu zivilisieren. Vielleicht haben die Akademiker der spanischen Sprache recht gehabt, als sie mit der Anerkennung des Cellophanpapiers zögerten, denn womöglich ist das Cellophan kein Papier, sondern schlicht Glas: schmiegsames, sanftes, gezähmtes Glas, den Händen und der Phantasie der Kinder zugänglich gemacht.

Man kann sich nicht vorstellen, daß jemand das Cellophanpapier entdeckte, ohne diese Erfindung automatisch mit einer kindlichen Mentalität in Zusammenhang zu bringen. Nur die Neugier, das Innere der Dinge zu sehen, den Inhalt der Geschenkpackungen zu kennen, ohne die Umhüllung zerstören zu müssen, konnte einen Schweizer Gelehrten auf den Gedanken bringen, daß die Gegenstände in Glas eingehüllt werden müßten, um das schöne Aussehen behalten zu können, das sie in den Schaufenstern hatten, bevor sie gekauft wurden. Es ist unmöglich, an die Zweckmäßigkeit und gleichzeitig an das Cellophanpapier zu denken. Letzteres ist die Phantasie, ein Bedürfnis nach dem Spielzeug, das es erlaubt, die Gegenstände mit Vitrine und allem nach Hause zu tragen, so wie die Kinder in aller Welt es sich erträumten, bevor das Cellophanpapier erfunden wurde.

Deshalb kann die Menschheit auf Jacques Edwin Brandenberg stolz sein. Weil er eine nützliche und sehr hygienische Wirklichkeit von kleinen unschuldigen Lügen neben der tatsächlichen Wirklichkeit schuf, die für viele Dinge taugt außer dafür, die Bonbons schöner zu machen. Der gestern verstorbene Schöpfer eines derartigen Wunders verdient es, daß seine Leiche für zukünftige Generationen sichtbar aufbewahrt wird, nicht in einem prächtigen Sarg aus Zedernholz, sondern in einer durchsichtigen, undurchlässigen und ruhmvollen Umhüllung aus Cellophanpapier. *15. 7. 54*

Schade, daß der Schmuggel ein Delikt ist. Obgleich ihm, wäre er das nicht, vielleicht nicht jener Hauch von Abenteuer, von verblüffender Phantasie anhinge, der ihn so märchenhaft macht. Die Dörfer im Departement Magdalena besäßen einen außergewöhnlich hohen touristischen Wert – wenn sie nicht auch noch über andere beachtliche Werte verfügten – allein deshalb: um an bescheidenen Festen teilzunehmen, deren Veranstalter nicht eine Handbreit Boden ihr eigen nennen und die dennoch ihren Gästen den besten Gin der Welt anbieten, einen Gin, den man in keinem Laden des Landes finden kann und der, sollte man ihn zufällig finden, einen ganzen Monatslohn kostet. Und sei es, um die Dienstmädchen zu sehen, wie sie dieselben Strümpfe tragen, die, mit einer Orchidee geschmückt, als letzter Schrei in den Schaufenstern der Fünften Avenue angeboten werden, lohnt es sich, die Dörfer von Magdalena zu besuchen. Und um zu sehen, wie ein Salinenarbeiter von Manaure mit monatlich hundertzwanzig Pesos seiner Braut an einem beliebigen Tag, der nicht ihr Geburtstag ist, eine Flasche desselben Parfüms schenkt, das Marilyn Monroe bei großen Gelegenheiten, und zwar ausschließlich bei großen Gelegenheiten, benutzt.

Wo auch immer, nähert sich Ihnen ein Mann mit dem Gesicht eines Bauern und zieht ein Päckchen ägyptischer Zigaretten aus der Tasche, ohne zu denken, daß Sie denken könnten, wie es jede beliebige vernünftige Person denken würde, daß er ein Zauberkünstler in Zivil und nicht ein Schmuggelwarenverkäufer ist. Sie denken, wenn dieser Taschenspieler auf Urlaub nicht auch einen Hasen hervorzieht, so deshalb, weil er keinen Zylinder hat, obwohl es keineswegs unsinnig ist zu denken, daß er, wenn Sie es wünschen, den Zylinder gleich um die Ecke besorgen und dann ein halbes Dutzend kleiner Kaninchen herausziehen kann, die ohne Zauberkünste vor zwei Monaten in einem italienischen Gemüsegarten Möhren fraßen. Dank des Schmuggels gleicht das tägliche Leben einer Jahrmarktsbude.

Die Schöpfer jener Zauberwelt sind zu allem fähig: Eine Gruppe von ihnen entführte sieben Zollbeamte auf einem Piratenschiff, das leider, da sind wir sicher, nicht die Flagge mit dem Totenschädel und den gekreuzten Schienbeinen führte, die das Symbol der Piraten, der glorreichen Vorläufer der fliegenden

Untertasse, war. Es war ein Abenteuer aus dem Märchen, eines von denen, die wir den Filmschauspielern schon nicht mehr glauben, und das sich dennoch hier in Kolumbien ereignete, und zwar in Guajira, einer Gegend, die mit oder ohne Schmuggel, aber besser mit ihm, viele Ähnlichkeiten mit einem Kapitel phantastischer Literatur aufweist. *2. 8. 54*

Bilanz und Rekonstruktion der Katastrophe von Antioquia, 1

Die Tragödie begann vor sechzig Jahren

Und die Gefahr besteht fort. Die Unvorsichtigkeit, die Solidarität und die Neugier verursachten ein halbes Hundert Opfer. »Sie kümmerten sich nicht darum, als man sie vor der Gefahr warnte«, sagt Pater Giraldo. Alirio und Licirio Caro, die überlebenden Kinder.

Am Montag, dem 12. Juli, kurz vor sieben Uhr morgens, gingen die Kinder Jorge Alirio und Licirio Caro, elf und acht Jahre alt, aus dem Hause, um Holz zu schlagen. Diese Arbeit verrichteten sie dreimal pro Woche mit einer kleinen, durch den Gebrauch abgenutzten Machete mit hornverziertem Griff, nachdem sie zusammen mit ihrem Vater, dem Sandgräber Guillermo Caro Gallego, fünfundvierzig Jahre alt, gefrühstückt hatten. Sie lebten mit ihrer Mutter und vier weiteren Geschwistern in einem Haus neben der Schlucht »El Espadero«, die sich sieben Kilometer von Medellín entfernt zur Straße von Rionegro hinunterzieht. An jenem Tage jedoch frühstückten Jorge Alirio und Licirio nicht mit ihrem Vater, denn dieser war früher als gewöhnlich nach »La Iguaná«, einer Schlucht am anderen Ende der Stadt (etwa zehn Kilometer entfernt), aufgebrochen, wo er auf Ländereien von Luis Enrique Burgos, dem er wöchentlich zehn Pesos für die Ausbeutungsrechte bezahlte, Sand für den Verkauf abtrug.

Die Kinder schlugen auf der Landstraße den Weg zum Laden von Media Luna, wie die ganze Gegend heißt, ein, weil sie annahmen, daß es dort in der Nacht vorher nicht geregnet hätte und sie trockenes Holz finden könnten. Aber sie hatten sich noch nicht einen Kilometer weit von zu Hause entfernt (bis zum Laden von Media Luna sind es fünf), als Jorge Alirio ein Geräusch »wie von Pferden« hörte und sah, daß eine kleine Lawine auf das Elternhaus zu den Berghang herunterkam.

»Wir liefen hin, um Bescheid zu sagen«, sagte Jorge Alirio, das älteste und gesprächigste der Kinder, »aber dann sahen wir, daß noch ein Vulkan kam, größer als der von vorher, und Steine und Stöcke fielen auf der Straße auf uns herab.« Die Kinder warfen sich zu Boden, bis der Erdrutsch aufhörte. Eine Minute später fanden sie vom Haus keine einzige Spur mehr.

Erster Saldo: fünf

Von der Erdlawine wurden begraben: Marta de Caro, die Mutter, die, als die beiden ältesten Söhne sie zum letzten Mal sahen, »waschen wollte«; Amparo, neun Jahre, die gerade fegte; Solange, fünf Jahre; Cielo, zwei Jahre, die eben aufgestanden war, und Argemiro, acht Monate, der noch nicht aufgewacht war. Ein wenig unterhalb jener Stelle bearbeitete der Landwirt Alberto Rincón seinen Acker, ohne etwas von dem Vorgefallenen bemerkt zu haben, als die noch vom ersten Schrecken benommenen Kinder hingingen, um ihn zu bitten, »daß er uns helfen sollte, das Haus auszugraben«. Rincón, der das Ausmaß der Tragödie nicht erkannte, antwortete ihnen, wie die Kinder sagen: »Ich bin jetzt beschäftigt und habe keine Zeit dafür.«

Der Schauplatz der Ereignisse

Als die Feuerwehr um neun Uhr vom Departementssekretariat einen Telefonanruf mit der Aufforderung erhielt, Personal für die Bergung zu schicken, breitete sich die Nachricht in der Stadt aus. Die Einwohner des malerischen und verwinkelten Viertels Las Estancias, das mit seinen in den Berg gebauten Häusern wie eine Weihnachtskrippe aussieht, begaben sich in Scharen zum Ort der Katastrophe und sprangen dabei über Einzäunungen, um die Entfernung zu verkürzen. Die Straße entlang kamen Familien aus dem Viertel Echavarría (für Angestellte von Coltejer, wie es auf der riesigen Betoneinfriedung heißt), das drei Kilometer von der Einsturzstelle entfernt liegt. Dort ging die Familie des Radrennfahrers Ramón Hoyos. In diesem Augenblick kam erneut ein Erdrutsch geringeren Ausmaßes, der dritte an derselben Stelle: Ingenieure und Geologen behaupten, daß es dort vor fünfzig oder sechzig Jahren, bevor die Straße nach Rionegro gebaut wurde, einen ersten Erdrutsch großen Ausmaßes gegeben haben muß. Seitdem war der vollkommen baumlose Boden zerklüftet, und in die Spalten sickerte das Wasser eines nicht befestigten Entwässerungsgrabens, der sich seit langem am Ort der Einstürze befindet. Die Tragödie begann sich praktisch vor sechzig Jahren herauszubilden.

Ein Trupp von vierundzwanzig Feuerwehrleuten fing um neun Uhr fünfzehn mit den Rettungsarbeiten an. Er hatte nicht nur gegen die natürlichen Schwierigkeiten anzukämpfen, sondern auch gegen die unbesonnene Hilfsbereitschaft der immer zahlreicheren und ungeordneteren Menge, die bei dem gefährlichen Unternehmen mitmachen wollte. Eine Gruppe Landarbeiter grub die Erde um, ohne sich darum zu kümmern, daß das heftige Schaufeln die Gefahr neuer Erdrutsche heraufbeschwor oder daß sie mit den Stahlschneiden die verschütteten Leichen verstümmeln könnten. Obwohl weitere Erdstürze drohten, wollte man die Körper bergen, und um das zu erreichen, befanden sich dort ein Trupp Feuerwehrleute, fast sämtliche Einwohner von Las Estancias und Echavarría sowie Reisende von Medellín nach Rionegro und Reisende von Rionegro nach Medellín, die anhielten, um bei den Rettungsarbeiten mitzuhelfen oder nur zuzusehen, obwohl der Verkehr nicht unterbrochen war.

Der Letzte, der es erfuhr

Ab elf Uhr bestätigten die Rundfunksender von Medellín, was als Gerücht bereits durch die ganze Stadt lief. Um zwölf Uhr schlossen die Büros, und statt nach Hause zu gehen, machte sich die Masse der Angestellten mit Fahrzeugen aller Art auf den Weg zur Straße von Rionegro. Wenn es in jenem Augenblick zu einem neuen Erdrutsch gekommen wäre, auf eine dichtgedrängte und ahnungslose Menge von Angestellten, Studenten, Arbeitern, Bauern, Kaufleuten und Neugierigen ohne bekannten Beruf, hätte es über tausend Opfer gegeben. Kurz nach zwölf kam am anderen Ende der Stadt jemand, den die Sandgräber nicht identifizieren konnten, zu der Schlucht, wo Guillermo Caro Gallego arbeitete, und sagte ihm, »daß er sofort gehen sollte, weil das Radio gesagt hatte, sein Haus stürze ein«.

Zehn Kilometer, um den Tod zu finden

Der fünfundvierzigjährige Guillermo Caro Gallego arbeitete seit zwölf Jahren als Sandgräber. Er verdiente pro Woche sechzig Pesos, indem er den Kubikmeter Sand für sieben Pesos verkaufte. Mit monatlich hundertzwanzig Pesos unterhielt er seine Frau und sechs Kinder, und es war ihm gelungen, auf einem gepachteten Grundstück, das er später zu erwerben hoffte, ein Haus zu bauen. Jorge Alirio und Licirio, die beiden ältesten Söhne und einzigen Überlebenden, waren im vergangenen Jahr in der öffentlichen Schule von Las Estancias, vier Kilometer von zu Hause entfernt, eingeschult worden, aber vor Ende des Schuljahrs ausgeschieden, »weil mein Papa uns nicht unterhalten konnte«, wie Licirio sagt.

Unter diesen Gegebenheiten war Guillermo Caro der typische Sandgräber von insgesamt sechzig am Strand von Burgos, die am 12. Juli um zwei Uhr nachmittags durchsetzten, daß man ihnen für die Zeit, die sie auf die Bergung der Leichen verwandten, keine Strandgebühren abverlangte. Caro war am Ort der Tragödie gewesen, hatte gemeint, daß die dreihundert Freiwilligen, die in der Erde gruben, nicht ausreichten, und war nach »La Iguaná« zurückgekehrt, um die Hilfe der Kollegen zu erbitten. Alle waren bereit, bis auf einen, »weil ich am Samstag ein Abführmittel genommen hatte«. Achtzehn kamen nie zurück, unter ihnen eine Frau: Isabel Salazar, Sandgräberin, die mit ihrer Mutter und drei Kindern in Las Nieves wohnte.

Freiheit der Unbesonnenheit

Um vier Uhr nachmittags war es den Feuerwehrleuten gelungen, die Einstürze aufzuhalten. Eine beachtliche Menge Erde war bewegt worden, aber man hatte nicht einen Dachziegel, nicht ein Haushaltsgerät, nicht eine einzige Spur von Guillermo Caros Haus gefunden. Da das eintönige und unergiebige Schauspiel sie langweilte, kehrten die meisten Neugierigen nach Medellín zurück. Andere wiederum, die noch nicht dagewesen waren, machten sich auf nach Media Luna. Vier Studenten, die sich in Junín miteinander unterhielten, hörten von der Tragödie und fuhren im Auto eines von ihnen hin, um sie anzusehen. Die Studenten waren: Juan Ignacio Angel, zweiundzwanzig Jahre alt, Student der Volkswirtschaft; Hernando Calle, Zahnmediziner; Carlos Gabriel Obregón und Jaime Uribe. Als sie in der Schlucht »El Espadero« ankamen, waren sie nicht die einzigen Studenten: Dort waren auch die Kinder von Las Estancias, die aus der Schule kamen und direkt zur Stelle des Erdrutsches gingen.

Als der Pfarrer von Las Estancias, Octavio Giraldo, die Kinder an der Tür des Pfarrhauses vorbeigehen sah, machte er sie auf die Gefahr aufmerksam, der sie sich aussetzten. »Sie kümmerten sich nicht darum«, sagt Pater Giraldo, ein junger, intelligenter und freundlicher Mann aus Antioquia, der den ganzen Nachmittag lang die Angehörigen seiner Gemeinde zu überzeugen suchte. Trotzdem erlangte sogar die von der Neugier geplagte eigene Nichte des Pfarrers die Erlaubnis ihres Onkels, bei der Bergung der Opfer dabei zu sein.

Die letzte Sekunde

Die einzige Warnung, die die Einwohner von Medellín erhielten, war die von Pater Giraldo. Von offizieller Seite wurde absolut nichts unternommen, und wenn die Zahl der Opfer nicht größer war, so deshalb, weil die Neugierigen bei Sonnenuntergang das Interesse verloren. Pessimismus stellte sich ein bei den Arbeiten: In acht Stunden heroischer Anstrengungen hatte man nicht einmal das Paar neue Schuhe bergen können, das Jorge Alirio Caro vor zwei Monaten als Geburtstagsgeschenk erhalten und am Morgen des Vortags, als er aus der Kirche heimgekommen war, neben das Bett gestellt hatte.

Da es dunkelte, nichts passierte und alle Welt fortging, beschloß Yolanda Moreno mit ihren jüngeren Geschwistern Orlando, zehn Jahre alt, und Luz Estela, zwölf Jahre alt, zu ihrem Haus in Las Estancias zurückzukehren. In dem Augenblick sah sie Francisco Antonio Hernández, den Milchhändler ihres Viertels, ankommen, der gerade seine Kühe auf der Farm von Jaime Arango eingesperrt hatte und an der Bergung teilnehmen wollte. Es war achtzehn Uhr zehn, und es drohte zu regnen.

Yolanda Moreno nahm ihre Geschwister bei der Hand, bahnte sich einen Weg durch die auf nur noch zweihundert Personen zusammengeschmolzene Menge und ging durch den Morast, den das Wasser der Feuerwehr und das lockere Erdreich auf der Straße gebildet hatten, heimwärts. Sie verließ das Zentrum der Einstürze, als »ein Erdbeben geschah«, das die beiden Kinder im Bruchteil einer Sekunde ihren Händen entriß, sie forttrug und verschlang, während sie selbst, geheimnisvoll gelähmt und unversehrt, sich von einer gewaltigen Schlammexplosion getroffen fühlte.

... Sogar ein Kaninchen

»Es hörte sich an wie eine Menge schlecht eingestellter Radios«, sagt der Direktor der Feuerwehr von Medellín, Efraín Betancourt. Eine Gruppe von fünfzig Personen, die sich auf einem Felsvorsprung des Berges aufgestellt hatte, sah über ihren Köpfen eine riesige Lawine heruntergehen, die die Vegetation niedermähte und mit ihrer zügellosen Gewalt das Gebiet erbeben ließ. Mitten in der Verwirrung und Panik sahen viele das erste Opfer fallen: den Feuerwehrmann Leonardo Urrego, dessen Rückgrat an einem Felsen brach. Seine dreiundzwanzig Gefährten warfen sich instinktiv zu Boden, und nur fünf erlitten leichte Verletzungen. Verwirrt und kopflos teilte sich das halbe Hundert Neugieriger auf dem Felsvorsprung in zwei Gruppen: Eine lief nach links, die andere nach rechts. Wären sie statt dessen stehengeblieben, hätten sie sich sehr wahrscheinlich gerettet, denn kurz bevor die Lawine bei dem Felsvorsprung ankam, teilte sie sich. Allein die eine Hälfte begrub in einer Spalte am Straßenrand ein Knäuel von siebenundzwanzig zusammengeballten Personen. All dies geschah mit solcher Schnelligkeit, daß der städtische Dezernent für öffentliche Bauten, Doktor Javier Mora, zwei Tage später die Leiche eines Kaninchens aus dem Schutt barg.

Panik

Sechshunderttausend Kubikmeter Erde schlugen mit aller Wucht auf die Menge, vom Gewicht her etwa so, als wenn zwei nationale Kapitole den Berg hinuntergestürzt wären. Der gewaltige Sturm, den die Erschütterung auslöste, hinderte viele daran, sich zu retten. Mehrere hundert Meter vom Ort des Geschehens entfernt waren die Telegraphenmasten und -kabel mit Schlamm, Gras und Abfällen aus der Katastrophe bedeckt. Die kleine Brücke über der Straße bei der Schlucht »El Espadero« wurde von der Lawine blockiert, und sieben Personen blieben darunter stecken. Juan Ignacio Angel, der Volkswirtschaftsstudent, der sich auf dem Felsvorsprung befand, lief nach unten, vor ihm liefen ein Mädchen von etwa vierzehn Jahren und ein Junge von zehn. Seine Begleiter, Carlos Gabriel Obregón und Fernando Calle, liefen in die entgegengesetzte Richtung. Der erste starb halbverschüttet an Erstickung. Der zweite,

Asthmatiker, blieb keuchend stehen und sagte: »Ich kann nicht mehr.« Man hörte nie wieder etwas von ihm.

Zwei Minuten nach dem Ende

»Als ich mit dem Mädchen und dem Jungen nach unten lief«, erzählte Juan Ignacio Angel, »kam ich zu einem tiefen Abgrund. Alle drei warfen wir uns zu Boden.« Der Junge stand nie wieder auf. Das Mädchen, das Angel unter den geborgenen Leichen nicht identifizieren konnte, richtete sich einen Augenblick lang auf, warf sich aber verzweifelt schreiend wieder hin, als es sah, daß Erde über den Abgrund fiel. Eine Schlammlawine zerbarst über ihnen. Angel versuchte weiterzulaufen, aber seine Beine waren gelähmt. Innerhalb einer Sekunde stieg der Schlamm bis zur Brust des Studenten, der seinen rechten Arm befreien konnte. In dieser Haltung verharrte er, bis das donnernde Getöse aufhörte, und er fühlte an seinen Beinen unten in dem zähen und undurchdringlichen Schlamm die Hand des Mädchens, die sich anfangs mit verzweifelter Kraft an ihn klammerte, ihn dann kratzte und sich am Ende in immer schwächer werdenden Zuckungen von seinen Knöcheln löste.

Als Pater Giraldo die Nachricht erhielt, dunkelte es. Es war achtzehn Uhr zwanzig. Fünf Minuten vorher war seine Nichte nach Hause zurückgekehrt. *2. 8. 54*

Bilanz und Rekonstruktion der Katastrophe von Antioquia, 2

Medellín, das Opfer seiner eigenen Solidarität

Die Stadt bereitete sich darauf vor, zehntausend Verletzten Hilfe zu leisten. »Es gab dreihundert Einsatzleiter« bei der Bergung. Die Schätzungen der Opfer. Was zwei Stunden später hätte geschehen können. Die Verschwundenen und die Nichtverschwundenen.

Was in der Nacht des 12. Juli in der Stadt Medellín geschah, war vom journalistischen Standpunkt aus etwas ganz anderes als die Tragödie: Es war die großartigste und unbesonnenste Explosion des Volksgeistes, eine beispiellose Demonstration sozialer Solidarität. Die lokalen Rundfunksender unterbrachen in dem Augenblick, da sich die Einwohner von Medellín ans Abendessen setzten, ihre laufenden Programme, um die Nachricht durchzugeben. Radio Nutibara installierte um sieben Uhr ein Sendegerät in einem Auto und übertrug improvisierte Berichte vom Schauplatz der Katastrophe, während die Bergungsarbeiten fortschritten. Minute für Minute empfingen die Einwohner von Medellín immer verworrenere und alarmierendere Schilderungen der Tragödie. Als die Mitarbeit von Privatärzten in Kliniken und Krankenhäusern erbeten wurde, eilten sämtliche Ärzte der Stadt, freiwillige Krankenschwestern und Studenten herbei, um ihren Platz einzunehmen. In der städtischen Poliklinik mit einem der vollständigsten Teams von Fachpersonal, die man sich in Medellín vorstellen kann, machte man einander die Betreuung der Verletzten streitig, die im allgemeinen nach Hause zurückkehrten, sobald sie sich von nicht mehr als einem Schock erholt hatten.

Als um sieben Uhr dreißig Blutspenden angefordert wurden, waren die Solidaritätsgefühle der Bevölkerung so überschwenglich, daß die Aufnahmefähigkeit der Blutbank innerhalb einer Stunde erschöpft war und Hilfsmittel improvisiert werden mußten, um die angebotenen Spenden aufzunehmen. Trotzdem hätte sehr wahrscheinlich die vor den freiwilligen Spenden in der Blutbank gespeicherte Plasmamenge mehr als genügt, um den Bedarf zu decken; sehr wenige Verletzte benötigten Blutübertragungen.

Zuviel des Guten

Der Kommandeur der Brigade, Oberst Emilio Tovar Lemus, kam aus der Nachmittagsvorstellung, wo er ›Lohn der Angst‹ gesehen hatte – dessen Schauplatz dem der Straße nach Rionegro sehr ähnlich ist –, als die Stadt ein heilloses Durcheinander war. Amtliche und private Lieferwagen und sämtliche Funkstreifenwagen des Elektrizitätsunternehmens, die in Ambulanzen verwandelt worden waren, fuhren in verschiedene Richtungen. Wegen der Verworrenheit der Nachrichten, des Geheuls der Sirenen, der Aufhebung der Verkehrsbestimmungen infolge des Notstands, bereitete sich die Stadt innerhalb einer Stunde darauf vor, zehntausend Verletzten großzügige Hilfe zu leisten. Eine nüchterne Schlußbilanz zeigte, daß es nur fünfundsechzig gab, keiner von ihnen lebensgefährlich verletzt.

Durcheinander bei der Bergung

»Es gab dreihundert Einsatzleiter«, schätzt ein Zeuge, als er sich daran erinnert, wie eine aus der Fassung geratene Menschenmenge, die nicht genau wußte, was los war, bei den Rettungsarbeiten vorging. Pater Jairo Mejía, der die Nachricht hörte, als er nach seiner Predigt die Kirche Buenos Aires verließ, konnte als einer der ersten mit seiner Ruhe und der vor wenigen Jahren bei dem Brand, der einen beträchtlichen Teil von Rionegro zerstörte, erworbenen Erfahrung einen Anfang von Organisation bei den Arbeiten durchsetzen.

Der städtische Dezernent für öffentliche Bauten, Doktor Javier Mora, der trotz seiner Freundlichkeit nicht viel über die Nacht des 12. Juli spricht, »weil ich mich nicht daran erinnern will«, bemühte sich, die Aktivitäten zu koordinieren, und erreichte es auch, soweit das in einem finsteren, von Handlaternen beleuchteten Schlamminferno möglich war. Nicht weniger als tausend Leute gaben und mißachteten Befehle, die ziellos über Lautsprecher ausgerufen wurden.

Austausch von Opfern

»Die Toten sahen aus wie Lehmfiguren«, sagt ein Zeuge. Und das war einer der Gründe für das Durcheinander. Die Mehrheit der Teilnehmer an der Rettungsaktion wollte um jeden Preis ein Opfer aus der eigenen Familie lokalisieren, weil ein Angehöriger gerade nicht zu Hause war, als die Neuigkeit bekannt wurde, oder weil er darüber gesprochen hatte und dann nicht mehr gesehen worden war oder einfach weil er nicht zur gewohnten Zeit zum Essen gekommen war.

In der städtischen Poliklinik verlangte eine Familie die Leiche eines Jungen, der von allen als zu ihr gehörig identifiziert worden war. Als die Familie mit der Leiche zu Hause ankam, traf sie dort den echten Jungen an, der außer sich war, weil er, als er heimkam und niemanden vorfand, glaubte, die ganze Familie sei bei der Tragödie umgekommen.

Das Gegenteil passierte Cristina López aus Villahermosa, die eine halbbekleidete Leiche als die ihres fünfunddreißigjährigen Sohnes Marco Antonio López identifizierte. Cristina López legte einen Teil ihrer Kleidung ab und ging nach Hause, um die Totenwache vorzubereiten. Als sie in den »Saal des Vergessens« im Spital San Vicente zurückkehrte, wo eine verzweifelte Menge versuchte, die Leichen zu identifizieren, war die mutmaßliche Leiche von Marco Antonio López einer anderen Person ausgehändigt worden: einer Frau, die sie als die ihres Ehemannes, Crisanto Arango, identifizierte und beerdigte. Bis zum letzten Freitag hatte Cristina ihren Sohn weder lebend noch tot gefunden und beharrte darauf, daß die ihr streitig gemachte Leiche, die keine Entstellungen aufwies, die ihres Sohnes sei.

Fehlschätzungen

Die Leichen wurden in der Dunkelheit aufgefunden und zu den Notposten gebracht, wo die Ärzte im allgemeinen das gleiche Gutachten abgaben: »Erstickung«. Der für Stadtplanung zuständige Ingenieur Hugo D'Amato behauptet, in jener Nacht gesehen zu haben, wie ein Polizeibeamter auf einem Kippwagen ein menschliches Bein transportierte. Aber die Anzahl der verstümmelten Leichen war gering.

Am Ort der Tragödie verfügte man weder über die Zeit noch die Möglichkeit, noch die Organisation, um die Leichen zu registrieren. Weder wußte man, wer sie fortschaffte, noch wohin. Um neun Uhr hätte man sagen können, daß die Zahl der Toten sich auf tausend beliefe. Um zehn Uhr dreißig, als der Gouverneur des Departements, Brigadegeneral Rengifo, über

Lautsprecher den Befehl erteilte, die Bergung bis zum nächsten Tag einzustellen, schätzte man, daß mindestens dreihundert Körper noch verschüttet waren.

Was hätte geschehen können

In jenem Augenblick waren rund tausend Personen am Ort der Katastrophe. In der Nacht waren es dort nicht weniger als zweitausend. Niemand dachte auch nur an einen neuen Erdrutsch, der die Regierung des Departements und den Stadtrat, Kirchenvertreter, Industrielle, Kaufleute, Freiberufliche, Leute aus allen Schichten hätte begraben können. Und das, obwohl eine Ingenieurskommission am Vormittag des dreizehnten feststellte, daß es nur durch ein Wunder in der Rettungsnacht nicht zu einer neuen Tragödie gewaltigen Ausmaßes gekommen sei. In dem Bericht der Ingenieure heißt es: »Gegenwärtig ist ein Block von etwa fünftausend Kubikmetern vorhanden, der sich wegen der Spalten und Risse, die er aufweist, jeden Augenblick in Bewegung setzen und mit seiner Geschwindigkeit und Wucht in den unteren, mit lockerem Material bedeckten Bereichen weitere Bewegungen auslösen kann.« Einer der gutachtenden Ingenieure, Conrado Guendica, ist der Ansicht, daß diese neue Lawine fünfzigtausend Kubikmeter Materie fortreißen kann, wenn der Boden nicht bearbeitet, dräniert und aufgeforstet wird.

Dienstag, der dreizehnte

Dienstag, der dreizehnte, war in der Tat ein unseliger Tag für Medellín. In einem einzigen Häuserblock des Viertels Las Estancias – Straße 52 zwischen 14-A und 15 – fanden sieben Totenwachen statt. In einem einzigen Haus gab es zwei Opfer: Orlando und Luz Estela Moreno, die Kinder, die »ein Erdbeben« den Händen ihrer Schwester Yolanda entriß, als sie nach Hause zurückkehren wollten. Yolanda erlitt nur leichte Verletzungen.

Die Pfarrgemeinde von Las Estancias beerdigte offiziell dreiundzwanzig identifizierte Opfer und eines, das zwölf Tage nach der Tragödie von Privatpersonen im Zustand der Verwesung geborgen und als unbekannt beerdigt wurde.

Sechs der Opfer waren Schüler der Knabenschulen »Beato Salomón« und »Miguel de Aguinaga« und drei Schülerinnen der Mädchenschule »Manuel José Caycedo«. Sehr wahrscheinlich hatten die meisten von ihnen die Warnungen von Pater Octavio Giraldo gehört, als sie sich zum Ort der Katastrophe begaben.

Gesamtzahlen

Die Pfarrgemeinde Buenos Aires begrub zehn Opfer. Und am selben Tag zwei Tote mit demselben vollständigen Namen: Marco A. Grajales Agudelo. Einer von ihnen starb jedoch nicht bei der Tragödie von Media Luna; er wurde vielmehr in einem anderen Stadtteil von einem Baum erschlagen.

Von den sechzig Sandgräbern, die Guillermo Caro zu Hilfe gekommen waren, starben achtzehn, und ihre Leichen wurden geborgen, identifiziert und offiziell begraben. Unter ihnen Guillermo Caro selbst, der Stunden vor dem Erdrutsch von sechs Uhr fünfzehn seine überlebenden Söhne zu Verwandten in »El Coco« bringen ließ, wo sie jetzt leben.

Am Donnerstag, dem zweiundzwanzigsten – zehn Tage nach der Katastrophe, als die Rettungsarbeiten offiziell schon eingestellt waren –, gab der Bürgermeister von Medellín, Doktor Jorge Botero Ospina, die Zahl der geborgenen Leichen bekannt: vierundsechzig. In den darauffolgenden Tagen barg eine Gruppe von Privatpersonen, indem sie die Wachen hinterging, weitere fünf. Die genaue Zahl der geborgenen Opfer: neunundsechzig.

Verschwundene

Mit der Familie von Guillermo Caro, von der nicht ein einziges der beim ersten Erdsturz verschütteten Mitglieder geborgen werden konnte, beläuft sich die Gesamtziffer der bekannten Opfer auf vierundsiebzig. Die Behörden von Medellín haben darum ersucht, Verschwundene anzugeben, aber deren Zahl ist gering, und einige Fälle sind nicht glaubwürdig, denn einer weit verbreiteten Version zufolge haben einige Personen mit wirtschaftlichen oder sonstigen Schwierigkeiten Medellín verlassen, damit man sie für nicht geborgene Opfer halte.

Andererseits sind die Informationen unzutreffend, nach denen am Ort der Tragödie widerliche Gerüche wahrgenommen werden, die man als Anzeichen dafür ansehen könnte, daß die Zahl der nicht geborgenen Opfer beträchtlich ist. Der Schauplatz der Tragödie ist ruhig, der Verkehr ist wiederaufgenommen, und es hat den trügerischen und friedlichen Anschein, als würde es keinen neuen Erdrutsch mehr geben.

Medellín erholt sich schnell von der Erschütterung. Das Viertel Las Estancias, das wegen seiner Nähe zu Media Luna die meisten Opfer zu beklagen hatte, hat sein heiteres und malerisches Aussehen einer Weihnachtskrippe wiedererlangt. Nicht einmal die Milchzustellung jeden Morgen um sechs Uhr ist unterbrochen worden, obwohl der Milchhändler, Francisco Antonio Hernández, bei der Katastrophe umgekommen ist. Am 13. Juli, als die Leiche noch im Hause war, trugen seine Frau, Carmen Rosa Bedoya, und seine beiden Kinder die Milch wie gewöhnlich aus, und seitdem tun sie es regelmäßig.

3. 8. 54

Bilanz und Rekonstruktion der Katastrophe von Antioquia, 3

Löste ein ehemaliges Goldbergwerk die Tragödie aus?

Theorien über die Explosion. Wie läßt sich eine neue Katastrophe vermeiden? Eine fünfzehnköpfige Familie ist hilflos. Der Mann, der den Tod suchte. »Gott schickt die Krankheit und auch die Medizin«. Geschädigte.

Man sagt: »Die absurde Tragödie von Medellín.« Und man sagt die Wahrheit. Es war vielleicht die absurdeste von allen Tragödien, die sich im Lande ereignet haben, weil sie die vermeidbarste war. Der Erdrutsch von achtzehn Uhr fünfzehn war, obwohl er viel größer war als der von sieben Uhr morgens und der zweite von um neun, geologisch ein unbedeutendes Phänomen. Geringer als der vor zwanzig Jahren in Envigado, der eine Textilfabrik unter sich begrub. In diesem Moment, versichern die Fachleute, sind vielleicht an verschiedenen Orten von Antioquia und Caldas Erdrutsche größeren Ausmaßes zu verzeichnen als die von Media Luna, und dennoch sind sie nichts weiter als geringfügige Naturerscheinungen.

Vor zehn Jahren untersuchte eine amtliche Kommission von Technikern das Gelände der Ortschaft Jericó, wo eine von Mönchen geleitete Schule allmählich von ihrem Untergrund bergabwärts rutschte. Nachdem die geologischen Bedingungen des Gebiets geprüft waren, empfahl man, Jericó an einen sichereren Ort zu verlegen. Heute stehen dort Häuser mit Rissen von den Geländebewegungen. Und die Gegend von Guacas (Heliconia), vierzig Kilometer von Medellín entfernt, ist von Bodeneinbrüchen bedroht.

Im Vergleich zu diesen Orten ging von der Stelle in Media Luna keine alarmierende Gefahr aus, hätte man nur den Umstand verhindert, daß sich zweihundert Personen dort befanden, wo eine so geringfügige Menge Erde herabstürzte, daß sie nicht einmal irreparable Schäden auf der Straße nach Rionegro verursacht hatte.

Ursachen der Tragödie?

Zahlreiche Zeugen behaupten übereinstimmend, daß es eine Explosion gab. Das Vorhandensein von Schlamm und Gräsern mehrere hundert Meter vom Ort der Tragödie entfernt könnte ein Anzeichen dafür sein, daß durch das Bersten Materie verstreut wurde; diese Streuung könnte allerdings auch auf die Erschütterung zurückgehen, die von einer riesigen abwärts gestürzten Masse aus schwerer Materie verursacht wurde. Dieselben Hypothesen könnten den heftigen Stoß, der Yolanda Moreno ihre beiden Brüder den Händen entriß, und die Tatsache erklären, daß viele Opfer sich nicht retten konnten, weil eine gewaltige Erschütterung sie zu Boden warf.

Es gibt in Medellín eine sehr verbreitete Version: Oben auf dem Berg, wo die Erdrutsche sich ereigneten, versuchte man vor langer Zeit, eine geheime Goldmine auszubeuten. Die Arbeiten wurden eingestellt, doch der Tunnel ist noch vorhanden, in dem sich als Folge der Sickerungen aus einem unbefestigten Entwässerungsgraben ein Wasserspeicher bildete. Einer der mit der Untersuchung des Geländes beauftragten Ingenieure, Doktor Conrado Guendica, hält diese Version für ziemlich einleuchtend und teilt die Meinung, daß es eine Explosion gab; er erklärt den Erdrutsch von achtzehn Uhr fünfzehn folgendermaßen: Die Erdrutsche vom Vormittag schwächten den Boden oberhalb des Tunnels, übten einen Druck auf ihn aus und brachten den Wasserspeicher zum Bersten. Dieser Mechanismus verursachte die heftige Explosion und die sofortige Schlammbildung, die das Ausmaß der Katastrophe erheblich vergrößerte.

Diese Theorie ist um so glaubhafter, als es einwandfrei bewiesen scheint, daß die Erdrutsche vom Vormittag auf einer größeren Höhe als der von achtzehn Uhr fünfzehn ausgelöst wurden. Was die Theorie betrifft, daß es am Ursprungsort des Erdsturzes einen Schlammvulkan gegeben habe (was die Explosion und das sofortige Vorhandensein von Schlamm erklären würde), so ist sie von einigen Geologen ausgeschlossen worden. Eine dritte Theorie, die von der Existenz des für die Ausbeutung einer Goldmine gebohrten Tunnels ausgeht, sucht nachzuweisen, daß die Explosion auf die Bildung von Gasen im Tunnel zurückgeht. Diese Theorie hätte durch eine sofortige chemische Analyse des Schlammes, der auf die Menge herunterging, belegt werden können, was aber, soweit wir unterrichtet sind, nicht geschehen ist.

Es muß aufgeforstet werden

Die derzeitige Gefahr, die vom Hügel Santa Elena ausgeht, wo laut den Ingenieuren »ein Block von etwa fünftausend Kubikmetern vorhanden ist..., der sich jeden Augenblick in Bewegung setzen kann«, kann sofort behoben werden: den Block künstlich bewegen, das Gelände dränieren und aufforsten. Die Erdrutsche kommen in Gang, weil das Wasser die auf einem schrägen Felsen ruhende Erde durchtränkt und zum Gleiten bringt. Die Bäume vermögen das Wasser aufzunehmen, es langsam auszuscheiden und die Durchtränkung des Bodens zu verhindern. Der am besten geeignete Baum ist nach fachmännischem Urteil der Eukalyptus, »weil er sein Eigengewicht an Feuchtigkeit aufnimmt«. Die in solchen Fällen oft verwandte Kiefer hat – laut desselben Gutachters – den Nachteil, Harz zu erzeugen und abzustoßen, das den Boden undurchlässig macht. Nicht erklärt wurde, warum die Undurchlässigkeit des Bodens ein Nachteil wäre.

Der Hauptgeschädigte

Die in diesem Sinne getroffenen Vorkehrungen würden dazu beitragen, daß sich die Wahrscheinlichkeit weiterer Tragödien wie der von Media Luna erheblich vermindert und daß sich nicht aus derart absurden und vermeidbaren Gründen Fälle wiederholen wie der von Emilia Pérez verwitwete Agudelo, die jetzt mit weiteren fünfzehn Personen hilflos in Robledo lebt, weil ihr Sohn, der fünfundvierzigjährige Sandgräber Jesús Gilberto Agudelo, am Nachmittag des 12. Juli zehn Kilometer weit lief, um bei der Bergung der Familie Caro mitzuhelfen. Jesús Gilberto Agudelo, der mit hundertzwanzig Pesos pro Monat fünfzehn Personen unterhielt, frühstückte zu Hause, erhielt um zwölf das Mittagessen, das seine Mutter ihm jeden Tag nach »La Iguaná« bringen ließ, und als einer seiner Neffen ihm um zwei das »Bißchen« (Maisbrei mit Kompott) brachte, war er schon nach Media Luna gegangen. Jesús, der »hin und wieder ein Schlückchen trank, aber nie spät heimkam«, wie seine Mutter sagt, gehörte der Gesellschaft für gegenseitige Hilfeleistung der Jungfrau vom Karmel an, deren Mitglieder ihm ein christliches Begräbnis gaben und die Kosten der Bestattung in Höhe von zweihundertfünfzig Pesos bezahlten. Die Leiche war nicht entstellt: Das einzige Anzeichen von Gewalt, das an ihm zu erkennen war, nachdem man den Schlamm abgewaschen hatte, der ihn bedeckte, war eine oberflächliche daumenbreite Wunde an der linken Schläfe.

Das Leiden und das Heilmittel

Zur Zeit wohnt Emilia Pérez verwitwete Agudelo weiterhin in demselben Haus mit zwei Zimmern, für das sie monatlich fünfzehn Pesos Miete bezahlt und in dem fünfzehn Personen leben, essen und schlafen: eine Tochter »mit sechs Kinderchen und einem weiteren unterwegs«, drei weitere Töchter (von fünfzehn, dreizehn und zwölf Jahren), von denen die älteste »in der Schule ist, aber sie lernt nichts, und ich weiß nicht, warum«; und unter anderem »die Hoffnung der Familie«: der vierundzwanzigjährige Julio, der Sandgräber werden wollte, aber entdeckte, daß er gegen die Schlucht allergisch ist. Jedesmal wenn er sie betritt, »bekommt er Krusten, die wund werden«.

»In diesem Haus regnet es drinnen mehr als draußen«, sagt Emilia Pérez, von allen Geschädigten die Geschädigteste, eine Frau von fünfundsechzig Jahren, klein, zerbrechlich und ohne weiteres bereit zu beantworten, was man sie fragt. »Warum scheinen Sie nicht traurig über den Tod Ihres Sohnes und die Hilflosigkeit, in der Sie sich befinden?« – »Weil man mit Weinen nicht weiterkommt«, antwortet sie, »Gott schickt zugleich die Krankheit und die Medizin.«

»Er kam den Tod suchen«

Das Solidaritätsgefühl der Leute in Antioquia bekam am 28. Juli eine weitere Gelegenheit, sich zu äußern, als Livia Rojas, die Frau von José Alejandro Atehortúa, einem der achtzehn Toten von »La Iguaná«, die Hilfe der Sandgräber brauchte, wie Guillermo Caro sie am 12. Juli gebraucht hatte. Livia Rojas kam sechzehn Tage nach dem Tode ihres Mannes, mit dem sie schon vier Kinder hatte, nieder. Die Frauen der Sandgräber standen ihr bei, und um zwei Uhr nachmittags gebar sie den postumen Sohn von José Alejandro Atehortúa: einen Jungen, der noch keinen Namen hat, denn »ich wollte ihn José Alejandro nennen nach seinem Vater«, aber einer der älteren trägt diesen Namen schon.

Atehortúa galt als »der allerschlimmste« der Sandgräber: Er hatte diesen Beruf nie ausüben wollen. »Immer wenn er konnte, ging er fort«, sagte sein Vorarbeiter, De la Pava, und eine Zeitlang arbeitete er im Wasserkraftwerk von Rio Grande. Am 1. Juli kehrte er nach »La Iguaná« zurück, wohin er versprochen hatte, nie zurückzukommen. Dreizehn Tage später grub man ihn in Media Luna aus, um ihn endgültig auf dem bescheidenen und trostlosen Friedhof von San Lorenzo, »dem der Armen«, wie man ihn in Medellín nennt, zu begraben.

So resigniert wie die Familie von José Alejandro Atehortúa, wie Emilia Pérez verwitwete Agudelo – die bis zum Freitag hundertfünfzehn Pesos vom städtischen Sozialwerk erhalten hatte – sind alle tapferen und zuversichtlichen Leute von Antioquia, die einen der Ihren durch die Tragödie verloren: »In der Hoffnung, daß Gott uns die Medizin schickt.« *4. 8. 54*

Picasso in der Arena*

Picasso, Maler abstrakter Stiere, trat kürzlich in Vallauris einem ungeheuer konkreten Stier gegenüber, dem der große Künstler jedoch durch ein halbes Dutzend *verónicas*** – an deren plastischer Schönheit gewiß niemand zu zweifeln wagt – mit derselben Geschicklichkeit auszuweichen vermochte, mit der er es verstanden hat, mit Pinseln als Banderillas und Paletten als Stierkämpferumhang ausgerüstet, gegen seine abstrakten Stiere zu kämpfen. Wenn der Stier gewußt hätte, wer jener Stegreif-Torero war – und er mußte es ahnen, als er merkte, daß der dröhnende Beifall nicht der Kunstfertigkeit des Stierkämpfers zukam –, wäre er gewiß nicht so kühn gewesen anzugreifen, oder er hätte an seiner eigenen realen Existenz gezweifelt und in jenem Augenblick geglaubt, er selbst sei nicht mehr als ein gemalter Stier von so schöner Gestalt, mit so viel symbolischer Kraft, wie er sie auf seinen Weiden gehabt hatte.

Picasso ist Spanier, und irgendwie hat jeder Spanier die Verpflichtung, einem Stier gegenüberzutreten – und sei es der schreckliche und blutige Stier des Bürgerkriegs –, weil nämlich der Stierkampf nicht so sehr von den Stieren lebt wie von der Möglichkeit, daß es immer einen Spanier gibt, der bereit ist, ihn fortzusetzen. Genau betrachtet, ist ein Torero ein Spanier, der nichts anderes versteht, als gegen einen Stier zu kämpfen. Wenn er sich auf etwas anderes verstehen würde, wäre er der erste, der sich seinem Beruf widmete und den Stierkampf für die Ferien ließe, wie Picasso es tut und wie noch eine Reihe universaler Spanier es tun. Auf diese Weise hat man die vorübergehende, aber eindrucksvolle Gelegenheit, sich am Ruhm der Arena zu berauschen, ohne ein guter Stierkämpfer sein zu müssen, sondern einfach, weil man einem Stier gegenübertritt, ohne es offiziell zu sein.

Picasso begegnete dem Stier, wie nur Picasso es konnte: in geblümtem Hemd und kurzen Hosen. Einer seiner ruhmreichen Landsmänner, Goya, wäre außer Fassung geraten, hätte er

* Um die ›Antioquia‹-Serie nicht zu unterbrechen, wurde dieser Text aus der chronologischen Reihenfolge herausgenommen. (Anm. d. Hrsg.)

** *verónica*: Stierkampffigur, bei welcher der Stierkämpfer mit geschlossenen Beinen und ausgebreiteter Capa den Stier erwartet und an sich vorbeilenkt.

die von ihm auf seinen Bildern verewigte Vorstellung vom Stierkampf durch einen revolutionären Maler revolutioniert gesehen. Außerdem wird Picasso wie gewöhnlich, obwohl das Kabel nichts davon sagt, Sandalen getragen haben. Einen Augenblick lang und aus verschiedenen Gründen muß die Arena in Vallauris dem römischen Zirkus geglichen haben. *3. 8. 54*

Die Vorläufer

Ohne Zweifel war die erste sensationelle Nachricht, die es – nach der Schöpfung – gab, die Vertreibung von Adam und Eva aus dem Paradies. Es wäre eine unvergeßliche erste Seite gewesen: ADAM UND EVA AUS DEM PARADIES VERTRIEBEN (acht Spalten breit). »Im Schweiße deines Angesichts sollst du dein Brot verdienen«, sagte Gott. – »Ein Engel mit Feuerschwert vollzog gestern das Urteil und hält Wache in Eden. – Ein Apfel, Ursache der Tragödie.«

Wieviel Jahre sind seit dieser Nachricht vergangen? Es ist ebenso schwierig, diese Frage zu beantworten, wie vorauszusagen, wann der Augenblick gekommen sein wird, um die letzte große sensationelle Reportage zu schreiben: die vom Jüngsten Gericht, die eine Art Schlußbilanz der Menschheit sein wird. Aber wer weiß, wie viele Veränderungen bis dahin der Journalismus durchmachen wird, jene aufreibende Tätigkeit, die ihren Anfang nahm, als ein Nachbar einem anderen erzählte, was ein Dritter am Abend vorher getan hatte, und die eine kuriose Variante in unseren Dörfern hat, in denen ein Mann, der jeden Tag die Zeitungen liest, die Nachricht schriftlich, je nach ihrer Bedeutung, in einem Artikel mit dem eindeutigen Tenor eines Leitartikels oder im leichten und lockeren Stil einer Glosse, kommentiert und sie nachmittags in der Apotheke vorliest, wo die öffentliche Meinung es für ihre Pflicht hält, sich unterrichtet zu fühlen.

Jener Kommentator des Tagesgeschehens, den man in mindestens vierzig Prozent unserer Dörfer finden kann, ist der Journalist ohne Zeitung, ein Mann, der seinen Beruf trotz des harten und unabänderlichen Umstands ausübt, daß er nicht einmal eine Handpresse hat, um seine Ideen auszudrücken; und er drückt sie auf der offenen Straße mit derart bestechenden Ergebnissen aus, die unwiderlegbar beweisen, daß der Journalismus eine biologische Notwendigkeit des Menschen und eben deshalb fähig ist, sogar die Zeitungen selbst zu überleben. Immer wird es einen Mann geben, der in der Ecke einer Apotheke einen Artikel vorliest, und immer – denn das ist der Witz der Sache – wird es eine Gruppe von Bürgern geben, die bereit sind, ihm zuzuhören, und sei es auch nur, um das demokratische Vergnügen zu genießen, nicht einverstanden zu sein. *10. 8. 54*

Der Esel im Zirkus

José Sebastián Garavito, vierundsiebzig Jahre alt, machte sich vor zwei Tagen auf die Suche nach seinem verlorenen Esel und entdeckte, daß dieser darauf wartete, von den Löwen gefressen zu werden. Das geschah hier in Bogotá, obwohl es unglaublich scheint, weil man in Bogotá nur noch sehr wenige Esel und noch weniger Löwen sieht. Aber die einfachsten menschlichen Geschichten pflegen sich aus den ungewöhnlichsten Elementen zusammenzusetzen, und vielleicht ist deshalb diese Geschichte des vierundsiebzigjährigen alten Mannes so schön, dessen Esel von zu Hause verschwand und zwei Tage später gefunden wurde, während er friedlich darauf wartete, von den Löwen gefressen zu werden.

Der Esel – worauf diejenigen, die vergessen haben, daß ein Zirkus in der Stadt ist, ganz gewiß nicht kommen konnten –, wurde seinem Besitzer gestohlen und den Zirkusunternehmern für armselige zehn Pesos gängiger Münze verkauft, damit er für einen Tag einem Löwen als Nahrung diene, der fünfhundertmal mehr kostet. Es ist das ewige Gesetz vom Überleben des Stärkeren, das bestimmt hat, daß es die Löwen sind, die die Esel fressen, und womöglich ist diesem ungerechten Umstand die Tatsache zuzuschreiben, daß die Esel fünfhundertmal weniger wert sind als die Löwen.

Vielleicht war José Sebastián Garavito vor siebzig Jahren als Kind glücklich darüber, wenn man mit ihm in den Zirkus ging, und vielleicht träumte er, von der Kühnheit des Dompteurs berauscht, sogar davon, sobald er groß wäre, einen Löwen zum persönlichen Gebrauch zu besitzen. Doch die Zeit und die Vernunft übernahmen es, ihn von der Unmöglichkeit seiner Träume zu überzeugen, so daß er sich in Ermangelung eines Löwen mit einem Esel zufriedengab. Und es war nicht einmal ein Esel wie aus Watte, ein jüngerer Bruder von Platero, den übrigens die Zigeuner einmal zu stehlen versuchten, sondern ein kahler und abgemagerter Esel, der fast so alt war wie sein Herr und der vor lauter Sanftmut, Unterwürfigkeit und Häßlichkeit schon weniger einem Esel als einem überdomestizierten Löwen ähnelte. Vielleicht glaubte José Sebastián Garavito das auch, da er seinen Esel so sehr liebte und vor Kummer fast verging, als er erfuhr, daß man ihn ihm gestohlen hatte.

Ihn gefunden zu haben ist für ihn eine der größten Freuden seines Lebens gewesen. Aber ihn vor den Löwen gerettet zu haben ist vielleicht viel mehr, als er sich je erträumt hatte; als hätte er mit vierundsiebzig Jahren eine Wirklichkeit gerettet, die nahe daran war, von den schönsten und nutzlosesten Kindheitsträumen verschlungen zu werden. *17. 8. 54*

Die Wale sind Inseln

Peru ist entschlossen, seine Wale zu verteidigen. Und da dieser Entschluß etwas Poetisches hat, ist es nur natürlich, daß auch die Proteste, die er auslöste, etwas davon haben: »Peru hat eine Drohung gegen die Freiheit auf hoher See ausgestoßen«, sagte der Sprecher eines Fischereiunternehmens und warf mit seinem Protest die schwerwiegende Frage auf, ob es denn auf hoher See jemals Freiheit gegeben hat.

Europa, das entschlossen ist, die letzten Wale der Welt zu verfolgen, wo immer sie sich befinden, protestiert auf diplomatischem Wege gegen die Maßnahmen, die Peru getroffen hat, um zu verhindern, daß man ihm die Wale wegnimmt. Und obwohl die europäischen Fischer nach internationalen Gesetzen recht haben, scheint Peru nicht ganz fehlzugehen, wenn es seine Wale als Teil des nationalen Territoriums ansieht, als schwimmende Inseln, die man um so mehr schätzt und liebt, weil sie aus Fleisch und Knochen sind.

Jetzt, wo die Länder nach und nach auf ihre vier Wände reduziert werden, ist es erklärlich, daß einige von ihnen – die noch Wale haben – die riesigen Zetazeen als ihre letzten Meereskolonien betrachten. Und unter diesem Aspekt wird man sie verteidigen und die Jagd auf einen Wal als die Besetzung eines Stücks vom nationalen Territorium ansehen müssen. Etwas, das zu anderen Zeiten ein Tier war, aber jetzt ein riesiges Öl- und Knochenreservoir ist, das man durch die Territorialgewässer auf Fahrt schickt wie ein Stück Hoheitsgebiet in Abdrift.

31. 8. 54

Quibdó, völlig lahmgelegt

Läden, Schulen und Büros schließen

Sogar das Hauspersonal demonstriert ununterbrochen. Essen auf der Straße und Proteste mit Musik.

Quibdó, am 22. September

Mit einem Marsch durch die ganze Stadt erreichte die sechzehnstündige Dauerdemonstration der Bevölkerung von Quibdó ihren Höhepunkt. Bei der Demonstration, die von unbewaffneten Polizisten überwacht wurde, gab es keinerlei Anzeichen von Politisierung, von Gewalt oder Uneinigkeit.

Die Marschroute wurde im letzten Augenblick geändert, um nicht an dem Haus des neuen Gouverneurs vorbeizuziehen, was als feindselige Haltung hätte ausgelegt werden können.

Die Lahmlegung dauert fort

Die Aktivitäten in dieser Stadt liegen weiterhin völlig lahm. Die Schulen, Büros und Geschäfte sind geschlossen. Die Mahlzeiten werden, wo auch immer, improvisiert, denn zusammen mit den Hausfrauen nimmt auch das ganze Hauspersonal an der Bürgerbewegung teil.

Ein Protest mit Musik

Was in Quibdó geschieht, hat sich wahrscheinlich weder in Kolumbien noch sonst vielerorts je ereignet, noch wird es sich ereignen. Die ganze Bevölkerung hat sich erhoben, um ihre Persönlichkeit und ihre Heimat zu verteidigen. Der Protest gegen die Aufgliederung ist heftig und entschlossen, aber es ist ein Protest mit Musik. Die Einwohner von Quibdó versammeln sich bis zum Morgengrauen und singen Parodien aller populären Musikstücke mit textlichen Anspielungen auf die Bewegung.

Das starke musikalische Gefühl des Chocóbewohners hat das noch heftigere Gefühl der unbedingten Zusammengehörigkeit und Einheit gesteigert. Die Bevölkerung von Chocó marschiert zu den Klängen heimatlicher Lieder und Musik und ist entschlossen, ihre Bewegung bis zur letzten Konsequenz zu führen.

Umzug der Kinder

Nach einer neuen, tumultartigen Demonstration liefen um Mitternacht über tausend Kinder zwischen drei und sieben Jahren in einem Fackelzug durch die Straßen.

Während so eine der großartigsten Bürgerbewegungen andauert, treffen aus dem ganzen Lande unzählige Botschaften ein, in denen man sich mit der Bevölkerung von Chocó angesichts der ihr angedrohten Maßnahme solidarisch erklärt.

23.9.54

Der Chocó, den Kolumbien nicht kennt, 1

Eine vierhundertstündige Demonstration von innen gesehen

> Heute ist es ebenso schwierig, nach Quibdó zu gelangen, wie vor zweihundert Jahren. Kein einziger Fall für die Polizei in der Dauerdemonstration. Die Haltung der Bevölkerung vor dem neuen Gouverneur. Die Unabhängigkeitsakte war schon aufgesetzt. »Chocós Wehklage«, die Hymne des Widerstands. Sechsunddreißig Dosen Salzkekse waren alles, was das Aktionskomitee aß.

Quibdó noch einmal zu gründen würde heute genausoviel Mühe kosten wie vor zweihundert Jahren. Es gibt nur drei Wege, um dorthin zu kommen, und trotz Gegenwart, Fortschritt und Technik ist der billigste, einfachste und sicherste immer noch der Fluß Atrato, in den nach achttägiger Reise die kleinen und langsamen Motorboote einbiegen, die Waren von Cartagena transportieren. Quibdó hat keinen Flugplatz: Seine Landebahn ist der Atrato, auf dem zweimal pro Woche ein Flugzeug wassert, das aus mehr als einem Grunde den Expeditionsflugzeugen ähnelt, die Tarzan suchten. Dort reist man unter Bedingungen durch die Luft, die kaum anders sind, als wenn man in den Booten auf dem Atrato reist: zwischen großen Ballen Pflanzenfasern für die Anfertigung von Besen, zwischen Lebensmitteln und Textilien. Wenn dieses Flugzeug durch ein Gewitter fliegt – und das geschieht wahrscheinlich bei jeder Reise, weil es im Chocó dreihundertsechzig Tage im Jahr regnet –, sickert das Wasser durch die undichten Stellen des Rumpfes, und in achthundert Fuß Höhe hat man das Gefühl, einen Schiffbruch zu erleiden. Trotzdem ist es eine rettende Luftbrücke, deren Besatzung ebenso kühnen Geistes ist wie die ersten Siedler. Wenn sie nicht eingerichtet worden wäre, würde man, um von Bogotá nach Quibdó zu gelangen, am besten zuerst nach Cartagena reisen.

Ein noch unbekanntes Abenteuer

Auf den Landkarten erscheint eine hundertsechzig Kilometer lange Straße, die eine reine kartographische Spekulation ist:

Medellín-Quibdó. Sie zu benutzen, bedeutet eine angstvolle und erschöpfende zweiundzwanzigstündige Reise in Fahrzeugen, die mit Waren und Tieren vollgestopft sind. Und wie der Fluß Atrato und wie fast alle Flüsse und Dörfer des Chocó ist diese eher theoretische als wirkliche Straße, die Verkehr nur in einer Richtung zuläßt, ein langer Fahrdamm aus mit Goldstaub vermischter Erde. An einigen Stellen, vor allem aber in »La Platina«, neun Kilometer vor Quibdó, braucht man nur einen Graben zu ziehen und sich niederzulassen, um auf unbegrenzte Zeit eine Goldmine auszubeuten. Aus diesen Gründen ist das Reisen in den Chocó ein Jahrhundert lang ein etwas märchenhaftes Abenteuer gewesen, das sogar heute noch als Abenteuer zu entdecken ist.

Eine Stadt im Urwald

Man muß wissen, wie man nach Quibdó gelangt, um genau zu begreifen, was in den letzten Wochen im Chocó vorging. Mit seiner unfertigen, mit Blechdosen geflickten Kirche und seinem heruntergekommenen Stadtpark, der aussieht wie der Saldo eines Erdbebens, ist Quibdó eine Ortschaft mit zivilisierten, gastfreundlichen und friedlichen Menschen, die aber ein Feldlager im Herzen des Urwalds scheint. Seine staubigen, allesamt zweistöckigen Häuser aus Sperrholz und mit Zinkdächern, seine krummen, gepflasterten Straßen und seine weißgekleideten Männer mit dem unvermeidlichen Regenschirm am Arm erinnern einen zwangsläufig an etwas, das in keiner Weise Quibdó ist: an ein afrikanisches Dorf. In den dunklen Läden der Hauptstraße – ein algerischer Basar parallel zum Fluß Atrato – werden die Waren in der Tür zur Straße ausgestellt und in der Tür zur Straße verkauft, teils, weil die Läden keine Schaufenster haben, und teils, weil die Ortschaft während der Geschäftsstunden bei fünfunddreißig Grad im Schatten glüht. Die dort verkauften kolumbianischen Waren scheinen Waren aus Übersee.

Die erste Nachricht

Quibdó hat sechzehntausend Einwohner. Und diese sechzehntausend Personen haben wie alle Bewohner des Chocó in ihrer waldigen Umzingelung nichts anderes getan, als sich ständig die ernsten Probleme der Isolation ihres Gebietes bis in jede Einzelheit und mit einer Klarheit zu vergegenwärtigen, die sie durch die Gewohnheit, jeden Tag an dasselbe zu denken, erworben haben. Der Departementsrevisor, der Schuhputzer und die kleine Negerin, die im Hotel bedient, erklären mit verschiedenen Worten, aber mit denselben Argumenten, warum der Chocó nicht vorwärtsgekommen ist.

Seit Jahren verlangen die Chocóbewohner eine Straße. Es ist ihnen gleich, wohin diese Straße führt, wenn sie nur die waldige Umzingelung durchbricht. Es kann nach Bahía Solano sein, damit Quibdó in hundert Kilometer Entfernung einen Pazifikhafen hat. Es kann nach Cupica sein, wo seit einem Jahrhundert ein Wald wilder Apfelsinen fault, weil es keine Möglichkeiten gibt, die Apfelsinen irgendwohin zu bringen. Es kann nach Medellín sein oder nach Japan, aber jedenfalls fordern die Chocóbewohner seit Jahren, daß man sie aus der Isolation befreit, und sie haben es im Parlament, im Ministerrat, in den Zeitungen, auf Flugblättern und an den Tischen der Cafés gerufen. Eine Zeitlang hatten sie vor, eine Kurzwellenstation einzurichten, um es über Radio zu verlangen. Da sie kein Geld dafür hatten, installierten sie in der Hauptstraße ein Lautsprechersystem, über das sie den ganzen Tag Nachrichten, Volksmusik und, wann immer sich die Gelegenheit bot, eine Ansprache übertrugen. In dieser Ansprache wurden die Zentralbehörden immer wieder, wenn auch nicht in direkter Form, aufgefordert, den Chocó aus der Isolation zu befreien. Aber vor achtzehn Tagen kündigte die Stimme des Sprechers, der die kommerziellen Anzeigen über die Lautsprecher verliest, den Einwohnern von Quibdó an, daß anstelle der so viele Jahre lang geforderten Straße genau das Gegenteil geschehen werde: Mit einem einzigen Federstrich solle der Chocó zerstückelt und aufgeteilt werden.

Die Stunde des Brandes

Die Nachricht wurde in Quibdó um halb acht Uhr abends bekannt, das ist die Stunde, wo man die Rundfunknachrichten aus Bogotá hört und in der auch die Brände anfangen. Als sie die Sirene hörten, liefen die Einwohner von Quibdó, die wissen, daß ihre Häuser aus Holz gebaut sind, mit Eimern und Blechbehältern hinaus, um der kleinen, aber leistungsfähigen

Feuerwehr beim Löschen des Brandes zu helfen. Die ganze Einwohnerschaft hörte die Nachricht über die Lautsprecher der Hauptstraße, und dort blieb sie dreizehn Tage lang, sang, hörte Ansprachen, schwenkte die kolumbianische Fahne und die Fahne von Santa María la Antigua, die die Fahne des Chocó ist. Von diesen dreizehn Tagen regnete es mindestens neun unerbittlich.

Sehr wenige Chocóbewohner wissen, daß ihre aufregende Bewegung über eine Woche lang isoliert war. In jenen Anfangstagen, als die Korrespondenten der Zeitung das Land mit Berichten bombardierten, die mit hochtrabenden Worten vom Recht der Bürger gespickt waren, reiste niemand nach, noch aus dem Chocó. Man wußte durch Informationen, die Chocóbewohner weitergaben und die deshalb patriotischer Übertreibung verdächtig waren, daß die Bevölkerung auf den Straßen war, daß es regnete und daß die Ansprachen trotzdem anhielten. Man wußte, daß die Demonstranten weinten, Bittschriften aufsetzten und sich auf der Straße wuschen, während die Regierung über das Projekt der Aufgliederung entschied. Aber die tatsächliche Größe der Bewegung, ihre menschlichen Einzelheiten waren völlig unbekannt. Niemand im übrigen Teil des Landes wußte, daß der Chocó mit seiner isolierten Bewegung dabei war, die Unabhängigkeitsakte zu entwerfen.

Nicht ein einziger Zwischenfall

Wenn man jedoch die Chocóbewohner auf ihrem eigenen Boden kennenlernt, mit ihnen gelebt und ihre Bewegung von innen kennengelernt hat, begreift man, daß es sehr wahrscheinlich nie zur Unabhängigkeitserklärung gekommen wäre. Während der vierhundertstündigen Dauerdemonstration hörte man keinen Ruf gegen Kolumbien oder gegen die Regierung von Kolumbien. Man hörte keinen Ruf gegen irgend jemand. Die Demonstrationen wurden von unbewaffneten Polizisten überwacht, und während ihrer ganzen Dauer kam es zu keinem einzigen gewaltsamen Zwischenfall. Die einzige Bluttat, der einzige Zwischenfall, der einzige Fall für die Polizei – aber buchstäblich der einzige –, der bis gestern im Chocó registriert wurde, war ein gewaltsamer Tod in Carmen del Atrato aus anscheinend rein persönlichen Gründen.

Obwohl dieser Erfolg der Gelassenheit der Bevölkerung und

den wiederholten Aufrufen des Chocó-Aktionskomitees zur Besonnenheit zu verdanken ist, muß man zugeben, daß auch die Haltung der Behörden fast entscheidend dazu beigetragen hat. Es hat in der ganzen Geschichte der letzten Jahre und vielleicht in viel mehr Jahren, als man sich denken kann, keine Situation gegeben, die sich leichter in ein blutiges Problem der öffentlichen Ordnung hätte verwandeln können. Ein feindseliger Ruf, eine Unvorsichtigkeit der Behörden hätten genügt, um diese großartige Bürgerrechtsschlacht in ein blutiges Ereignis zu verwandeln.

Etwas mehr als Besonnenheit

Bis zum Dienstag vergangener Woche hatte der Chocó einen Gouverneur, der aus der Gegend stammte. Als er zurücktrat und an seiner Stelle ein Militär ernannt wurde – der im ganzen Departement großes Ansehen genießt –, wurde die Ernennung als behutsame Vorbereitung des Terrains für die Unterzeichnung des Dekrets über die Aufgliederung angesehen. Als der neue Gouverneur sein Amt antrat, war es drei Tage her, daß der Präsident der Republik die Erklärungen von Tocaima abgegeben hatte, die endgültig schienen. Die Bevölkerung von Quibdó nahm an der Amtseinführung des neuen Gouverneurs nicht teil, nahm aber auch keine feindselige Haltung ein. Der Präsident des Oberen Gerichtshofes hielt seine Rede zum Amtsantritt des neuen Gouverneurs, während zwei Blöcke weiter improvisierte Redner vor einer dreitausendköpfigen Menge die Delegation von ›El Espectador‹ begrüßten, die erste journalistische Delegation, die den Boden des Chocó betrat. Am selben Nachmittag, als die Dauerdemonstration dreihundert Stunden erreichte, zog die Menge durch die Straßen der Stadt, indem sie der üblichen Route folgte. Unterwegs wurde die Route geändert, um zu vermeiden, daß der neue Gouverneur das Vorbeiziehen der Demonstranten an seinem Haus als feindselige Haltung ansähe, obwohl sie vorher zehn Tage nacheinander dort vorbeigekommen waren.

Die lahmgelegte Stadt

Am selben Nachmittag kam es zur Krise im Kabinett des Departements. Die Minister sahen sich in einer schwierigen Situation: Sie konnten eine abermalige Ernennung nicht annehmen, weil sie aus dem Chocó stammten; und sie konnten sie nicht zurückweisen, weil sie unter allen Umständen vermeiden wollten, daß der neue Gouverneur ihre Haltung als Herausforderung auffasse. Die Ereignisse erlösten sie aus dem Dilemma: Zwei Tage später wurde der Verzicht auf das Aufgliederungsprojekt bekannt, die Minister bestanden auf der Unwiderruflichkeit ihrer Rücktritte, und neue Minister aus dem Chocó traten ein, um mit dem Gouverneur vom Militär zusammenzuarbeiten.

Daher ist anzunehmen, daß es nie zur Unabhängigkeitserklärung des Chocó gekommen wäre, nicht einmal dann, wenn das Departement mit einem einzigen Federstrich aufgegliedert worden wäre. Sowohl die Demonstranten als auch die Mitglieder des Aktionskomitees schienen am Dienstag vergangener Woche von den Strapazen stark mitgenommen. Der Handel war unterbrochen, die Schüler der Grundschulen, der Lehrerbildungsanstalt und der Oberschule waren zusammen mit den Erwachsenen auf den Straßen, und ihren Gesichtern sah man die Spuren des anstrengenden Marsches an. Die Kampagne war unvermindert aufrechterhalten worden. Man kämpfte gegen die Natur und lief ein großes Risiko, glücklicherweise ohne bedauerliche Folgen: Die kleine Gruppe von Männern, die praktisch das Departement zwei Wochen lang leitete, hielt vierzehn Tage durch, ohne auch nur eine Nacht durchzuschlafen und ohne regelmäßig zu essen. Die Ereignisse haben gezeigt, daß sie trotzdem nicht einen einzigen Augenblick den Überblick und die Besonnenheit verlor.

Das starke Geschlecht

Obwohl die feste, besonnene und entschlossene Haltung der Männer des Chocó die Basis für die Aufrechterhaltung der Demonstration war, muß man zugeben, daß es die Frauen waren, die die große Schlacht des Widerstands lieferten. Bis zum Donnerstag vergangener Woche wurde weder in Quibdó noch in irgendeiner wichtigen Gemeinde des Departements regelmäßig gegessen. Die Hausfrauen waren auf den Organisationsposten, und das Hauspersonal sang in den Straßen ein populäres Lied: »Im Chocó ißt man Sardinen, Früchte von der Palme und vom Brotfruchtbaum.« Aber das war Vergangenheit: Vierzehn Tage lang wurde weder eine Sardine gefischt noch eine Frucht von der Palme oder vom Brotfruchtbaum gepflückt. Während der entscheidenden Tage der Bewegung aß man Lebensmittel aus Dosen, gebratene Bananen und ein wenig hastig zubereiteten Reis. Das Aktionskomitee des Chocó und seine engeren Mitarbeiter verzehrten als Grundnahrung sechsunddreißig Dosen Salzkekse.

Gesungener Widerstand

Im Chocó wie in allen tropischen Gegenden haben die Leute noch die Gewohnheit, gegen Abend die Stühle vor die Haustür zu holen, um bis neun Uhr abends zu plaudern. Während der letzten Wochen wurde diese Gewohnheit unterbrochen, und die Chocóbewohner, die nicht auf den Straßen blieben, schlossen sich in den Häusern ein, um nach populären Musikstücken Parodien zu verfassen. Jene Zusammenkünfte hatten zwangsläufig eine Atmosphäre der Verschwörung. ›Chocós Wehklage‹, das schöne und traurige Lied, das ein Schulmeister eines weit entfernten, fast an der Grenze zu Panama liegenden Dorfes komponiert hatte, wurde mit solcher Inständigkeit, mit solcher Inbrunst gesungen, daß die meisten seiner begeisterten Interpreten fünf Tage nach Beginn der Bewegung heiser waren. In jenen geschlossenen Räumen, in jener von Karbid und Erwartung geschwängerten Luft erschienen die abgemagerten Frauen und Männer, die ihre Hymne bis zum Morgengrauen sangen, fähig, diese Hymne bis ans Ende der Zeiten zu singen. Wenn man sie sah und hörte, erinnerte man sich an ›La cucaracha‹ und ›Adelita‹ in der mexikanischen Revolution.

In jenen friedlichen, aber dramatischen Zusammenkünften hatte man alle Haltungen geprüft, die man einnehmen würde, falls das Aufgliederungsdekret unterzeichnet würde: Man würde die Personalausweise aller Chocóbewohner einsammeln und dem Präsidenten der Republik zuschicken; man würde das Geld von den Banken abheben und die Demonstration so lange fortsetzen, bis die Justiz über die Klage gegen das Dekret entschieden hätte. Die Pläne für den passiven Widerstand waren zahllos, und jeden Tag dachte man sich neue Möglichkeiten aus.

Wir als Teilnehmer an diesen Zusammenkünften haben genügend Gründe anzunehmen, daß die Chocóbevölkerung so viel Entschlossenheit besitzt, daß sie unbegrenzt widerstanden hätte. Und der beste Beweis dafür ist, daß die Bevölkerung des Chocó seit Donnerstagabend, als der Kurswechsel der behördlichen Absichten durch einen Rundfunkbericht aus Bogotá bekannt wurde, fortfuhr zu singen, jetzt mit größerem Schwung, und bis zum kommenden Monat weiter singen und tanzen wird. Zur Zeit wird das Namensfest des Schutzpatrons gefeiert, und wenn das zu Ende ist, beginnt der Karneval. In Wirklichkeit ist die Dauerdemonstration im Chocó noch nicht abgeschlossen.

29. 9. 54

Der Chocó, den Kolumbien nicht kennt, 2

Der politische Pakt, eine Familienversöhnung. Die einzige innere Straße des Chocó ist isoliert. Das Dorf, in dem man pfundweise um Platin spielte. Transport durch den Urwald auf menschlichem Rükken.

Es ist schwer, nach Quibdó zu gelangen. Aber es ist noch schwerer, wieder herauszukommen. In einem Wort, das ist das Problem des Chocó, der Grund für die jetzige Situation, der Ausgangspunkt des Konflikts, der gerade beigelegt worden ist, und zugleich der Ursprung der eisernen Einheit und des unerschütterlichen Patriotismus der Chocóbewohner. Wenn man ein wenig tiefer in das Problem eindringt, begreift man, daß die Leute im Chocó ihre Heimat so radikal und unwiderruflich lieben und sich an sie klammern, weil sie gewöhnt sind, sich als eine einzige Familie zu fühlen. Das Departement aufzugliedern hätte buchstäblich bedeutet, ein altes und geräumiges Haus mit hunderttausend Verwandten auseinanderzusprengen.

Politik: ein häusliches Problem

Das Geschäft des dortigen Hotels ist ein schlechtes Geschäft. In der ganzen Gegend gibt es von den Mündungen des Atrato bis zu denen des San Juan kein einziges Dorf mit Restaurant: Jeder Reisende ißt beim Vetter seiner Tante und schläft bei seinem Schwager oder beim Schwager seines Schwagers. Jeder bodenständige Chocóbewohner, der seine Herkunft durch mehr als zwei Generationen erforscht, entdeckt die Art und Weise, Verwandter seines Nachbarn zu sein. Und wenn er es nicht ist, macht das auch nichts, denn früher oder später wird er Gelegenheit haben, sein Gevatter zu werden. Das ist der Schlüssel für die sprichwörtliche Vetternwirtschaft im Chocó. Der politische Pakt, der jetzt unterschrieben wurde, ist deshalb weniger ein politischer Pakt als eine Familienversöhnung.

Die isolierte Straße

Im Laufe der Zeit ist die Familie angewachsen, stärker geworden, obgleich es zur Erhaltung ihrer Einheit nötig gewesen ist, viele Kilometer zu gehen, viele Pfade in den Urwald zu schlagen, in Kanus gewaltige Entfernungen unter jenen heftigen Regenfällen zurückzulegen, die von vor der Schöpfung zu sein scheinen. Das Alarmierende ist, daß die Nation während ihrer ganzen Geschichte nicht wirksam dazu beigetragen hat, mit angemessenen Verkehrsmitteln diese Einheit des Chocó zu fördern, die so nützlich und beispielhaft für den Rest des Landes sein kann. Das einzige, was man gebaut hat, ist eine innere Straße, die theoretisch von Yuto nach Istmina führt und die sehr wahrscheinlich die einzige Straße der Welt ist, die in Wirklichkeit von nirgendwoher kommt und nirgendwohin geht. Die Isolation des Chocó ist in solchem Grade kritisch, daß sogar seine einzige innere Straße eine isolierte Straße ist.

Phantasien der Landkarte

Die Strecke von Quibdó nach Yuto ist auf den Landkarten trassiert. Das ist eine weitere kartographische Spekulation: Nicht ein einziger Baum ist gefällt worden, um das Terrain zu erforschen. Von Quibdó aus kann man im Motorboot den Atrato aufwärts die Strecke entlangfahren bis zu der Stelle, wo die Straße zwei Kilometer oberhalb der Ortschaft Yuto am gegenüberliegenden Ufer auf den Fluß stößt. Es ist möglich, daß dort im Laufe der Zeit ein weiteres Dorf um die beiden dunklen und frischen Laubhütten entsteht, wo – gemäß einem weiteren Familienpakt – in der einen gekochtes Huhn und in der anderen gebratener Fisch verkauft wird. Aber solange dieses Dorf nicht entsteht und den Namen Yuto erhält, um die Wirklichkeit mit den Landkarten in Einklang zu bringen, muß man die Wahrheit zugeben: Die Straße von Yuto nach Istmina geht weder jetzt durch Yuto, noch ist sie je durch Yuto gegangen.

Die wunderbare Erde

Entlang jenen fünfundsiebzig schmalen und gepflasterten Kilometern, die in Längsrichtung durch einen Graskamm getrennt sind, gleichsam als natürliche Vorwegnahme des weißen Streifens auf den asphaltierten Straßen, gibt es nicht einen einzigen Zentimeter, nicht einmal einen Millimeter kultivierter Erde. Jene Straße ist ein steinerner Einbruch in den Urwald quer durch eine unersättliche und mächtige Natur. Dort gibt es nichts zu säen. Nichts aufzuziehen. Es ist unerforschte Erde, aus der die Straßenbauer achtzig Kilometer vom Meer entfernt Meeresfossilien gruben. Es ist durchaus nicht abwegig zu vermuten, daß, wenn es jemandem eingefallen wäre, in jene Erde eine Bananenpflanze zu setzen, die Früchte prall von Platinkörnern sein würden. Allerdings weist die Wirklichkeit darauf hin, daß jene märchenhaften Bananen nicht einmal zum nächsten Markt gebracht werden könnten, bevor sie anfangen zu verfaulen.

In Fleisch und Blut

Wenn es nicht die Unbequemlichkeiten des Umsteigens gäbe, wäre die Reise auf der einzigen inneren Straße des Chocó eine geruhsame menschliche Erfahrung. Dort reist der Trödler, der über Politik spricht und über die Art und Weise, Schlangenbissen vorzubeugen. Dort reist die Schullehrerin, die in einem entfernten Dorf am San Juan eine Schule mit hundertdreiundzwanzig Kindern betreut, von denen viele mehrere Kilometer mit dem Kanu zurücklegen, um am Unterricht teilzunehmen. Dort reist der Indio, der von den Protestanten in der christlichen Lehre unterwiesen wird und dessen Sprache vierundzwanzig vokalische Nuancen hat und Verben, die einen ganzen spanischen Satz ausdrücken. Dieser Indio, der Hühner verkauft und sich nur in Einpesoscheinen bezahlen läßt, weil er sich im Währungssystem nicht auskennt, ist vielleicht einer von den einzigen achttausend Menschen, die mit einem Wort sagen können: »Ich fahre von Quibdó nach Condoto und werde in Istmina zu Mittag essen.« Die protestantischen Missionare, die am San Juan linguistische Untersuchungen betreiben, versichern, daß sie zehntausend Begriffe für ein Wörterbuch der Eingeborenensprache gesammelt haben, das zehntausend definieren soll.

Auf dem Lastwagen, der von Yuto nach Istmina fährt, war außer dem Trödler, der Lehrerin und dem Indio ein vom Sumpffieber verwüstetes Männlein von sechzig Jahren, das mit lauter Stimme sagte, damit die Journalisten es hörten: »Dies sind die ehrlichsten Leute der Welt. In dieser Tasche habe ich dreißigtausend Pesos in Wertsendungen, und niemandem ist es eingefallen, sie mir zu stehlen.«

Es stimmte. Als er gefragt wurde, wer er sei, stellte das Männlein sich sehr freundlich, sehr förmlich und voll Stolz vor: »Ich bin die nationale Post.«

Die Kehrseite der Theorie

Auf der Reise von Quibdó nach Istmina muß man nicht nur einmal vom Boot auf den Lastwagen umsteigen. Man muß ein zweites Mal umsteigen, »in Cértegui«, wie es heißt. Aber auch das ist nur eine Redensart, denn die Straße von Yuto nach Cértegui, die nicht durch Yuto geht, geht auch nicht durch Cértegui. Sie führt an einer Stelle vorbei, wo schon ein Dorf im Entstehen ist, drei Kilometer vom wirklichen Cértegui entfernt, auf dessen Hahnenkampfplatz vor zwanzig Jahren ein Pfund Platin gesetzt wurde und das heute ein staubiges, von der Straße abgelegenes kleines Dorf ist. Entgegen den Gepflogenheiten müssen im Chocó die Dörfer durch die Straßen gehen und nicht die Straßen durch die Dörfer.

Eine einzige Brücke

Vom linken Ufer des Flusses Cértegui, wo die Straße unterbrochen ist, muß man im Kanu zum rechten Ufer übersetzen, wo man den Lastwagen nimmt, der endgültig nach Istmina fährt. Dort ist der einzige Pfeiler für eine Brücke, die niemals gebaut wurde, warum nicht, weiß keiner. Vielleicht, damit der Chocó das verwaltungsmäßige Paradox als das Departement bleibt, das die meisten Flüsse hat und trotzdem die Nation nicht mehr als eine interne Brücke gekostet hat: die 1942 gebaute Brücke von Las Animas.

»Wie man es mir erzählte ...«

Der Grund dafür, daß eine Straße, die gebaut wurde, um in Cértegui zu münden, nicht durch Cértegui geht, ist sehr schwer herauszufinden. Die Bewohner der Region, die an die unerklärlichsten und seltsamsten Verwaltungsmanöver gewöhnt sind, behaupten, daß Cértegui keine Straße bekam, weil der Bauingenieur im Stadtgebiet nackt badete und der Polizeiinspektor ihn zur Ordnung rief. Als Repressalie ließ der Ingenieur Cértegui ohne Straße.

Das ist die Geschichte, wie man sie im Ort erzählt. Aber die ernsthaften Informanten erklären, das sei nichts als folkloristische Literatur, und in Wirklichkeit sei im letzten Augenblick der Verlauf geändert und die Straße dorthin umgeleitet worden, wo die Brücke billiger und leichter zu bauen sein würde. Das ist viele Jahre her, und die Brücke ist noch nicht gebaut.

Istmina, endlich!

Am Ende der Landstraße ist Istmina eine lange Straße oder genauer das letzte Stück der Landstraße mit schadhaften Holzhäusern auf jeder Seite bis zum Ufer des Flusses San Juan. Ein Dorf mit einfachen, herzlichen und gastfreundlichen Leuten, die mit Kondensmilch frühstücken, weil es keine andere gibt, und nur alle vierzehn Tage Rindfleisch essen. Auf einer Anhöhe, im Rücken einer Büste des Generals Uribe, von der sich niemand erklären kann, wie sie die *violencia* überstand, ist eine Missionsschule mit Seminaristen, die im Kirchenchor singen und gegen Abend mit dem Fahrrad im Dorf spazierenfahren und fotografieren.

Der Aquädukt, der vom Institut für die Förderung der Gemeinden gebaut wurde, versorgt die Ortschaft von einem offenen Becken aus, in dem sich außer Wasser jede Art von Abfällen ansammelt. Donaldo Lozano behauptet, als er vor drei Monaten zu Hause den Wasserhahn geöffnet habe, sei eine Schlangenhaut herausgekommen. Obwohl man in Istmina weiß, daß Donaldo Lozano zu übertreiben pflegt, hat seit drei Monaten niemand mehr Wasser aus dem Aquädukt getrunken.

Die Wertbörse

Der Handel ist in Istmina unvorhersehbar wechselhaft. Am Mittwoch vergangener Woche kostete ein Päckchen inländischer Zigaretten dreißig Centavos wie im ganzen Land. Am Freitag kostete es achtzig. Die Preisveränderung ging darauf zurück, daß das Kleinflugzeug von »Seraco«, das wie eine wohlgefällige Heuschrecke von Dorf zu Dorf springt, eine Ladung Zigaretten, die es in Buenaventura erwarteten, nicht mitnehmen konnte. Das Flugzeug sollte am Dienstag wiederkommen. Wenn es die Ladung dann auch nicht mitnehmen konnte, raucht ganz Istmina jetzt gewiß ausländische Zigaretten, die schon viel billiger sein müssen als die einheimischen.

Die verlorene Speisekammer

Die Isolation des Chocó hat dramatische Folgen im Baudó, der reichhaltigen und nutzlosen Speisekammer, wo die Banane verfault und der Reis verdirbt, weil man keine Möglichkeiten hat, sie auf den Markt zu bringen. Man gewinnt nichts dadurch, daß man die Erzeugnisse nach Puerto Pizarro am Pazifischen Ozean bringt, weil das einzige dort vorbeikommende Schiff, die »Ciudad Quibdó«, einen Monat für die Überfahrt braucht. Mehrere Kilometer nördlich haben »die Verrückten vom Baudó«, die Handvoll unerschrockener Siedler, die überlebten, indem sie Käferschnecken aßen, auf das Schiff gewartet.

Es gibt keinen Markt auf der Welt, wohin die schmackhaften Bananen aus dem Baudó – von denen acht Sorten bekannt sind – in weniger als einer Woche gebracht werden könnten. Und die Banane fängt fünf Tage nach der Ernte an zu faulen.

Auf menschlichem Rücken

Der Weg des Reises ist lang und blutig. Aber da die Einwohner von Istmina, Condoto, Andagoya und Tadó sich von irgend etwas ernähren müssen, wenn sie nicht ihre Gold- und Platinerde essen wollen, wird der Weg des Reises weiterhin benutzt. Man muß die Ladung in Kanus bis zu den Oberläufen des Flusses Pepe hinaufbringen. Dort erwartet sie ein Trupp Lastträger, menschlicher Tragtiere, die sie in langen und dramatischen Tagemärschen, indem sie sich wie Katzen an die Gebirgshänge klammern, durch den Urwald bis zur Straße nach Istmina transportieren. Jeder Lastträger, Überlebender aus den heroischen Zeiten der Kolonie, verdient zwei Pesos pro Tag. Ein Sack Reis, der im Baudó für fünfzehn Pesos gekauft wurde, kommt in Istmina – etwa achtzig Kilometer entfernt – zum

Preis von achtundzwanzig Pesos an, wenn er das Glück gehabt hat, daß es nicht zu sehr regnete.

Wo ist der Pazifik?

Wenn es schwierig ist, von irgendeinem Ort des Landes aus in den Chocó zu reisen, ist das Reisen im Chocó selbst noch schwieriger. In Quibdó spricht man von Bahía Solano wie von einer Legende: Man sagt, sie sei die schönste und nützlichste natürliche Bucht des Landes und könnte das phantastische Tor zum Pazifik sein. Aber sehr wenige von denen, die das sagen, kennen Bahía Solano, weil man nämlich, um die hundert Kilometer zurückzulegen, die es von Quibdó trennen, vier Tage auf der Route der Himbeerseuche und des Sumpffiebers benötigt.

Sogar die Dörfer am Pazifik haben keine Verkehrswege zueinander. Bahía Solano weiß nicht, wie die Apfelsinen von Cupica schmecken, obwohl sie auf der Landkarte nur eine Daumenbreite entfernt sind. Von den Mündungen des San Juan bis Punta Ardita an der Grenze zu Panama gibt es nicht ein einziges Telegraphenamt. Letztes Jahr im Oktober mußte ein Inspekteur der Polizei, der nach Juradó reiste, in Bahía Solano übernachten. Der Postbeamte bat ihn, dem Postbeamten von Juradó ein kleines, durch Wachspapier geschütztes Päckchen mitzunehmen. Es war die Post von sechs Monaten. *30. 9. 54*

Der Chocó, den Kolumbien nicht kennt, 3

»Hier lernt man das Lesen im Bürgerlichen Gesetzbuch«

Amerikas Geschichte beginnt im Chocó. Früher Platin, jetzt Bananen. Ein Departement, das eine riesige Schule ist. Die Lektion über sich selbst.

Samurindó ist ein Dorf mit neunzehn Hütten, einer verarmten Kirche und einer riesigen Schule, die im Dorf kaum Platz hat. Die Hütten sind aus lehmverschmiertem Schwingel und haben Dächer aus Palmblättern; die Schule ist aus glattem Holz, hat ein Zinkdach und große Fenster mit Drahtgittern. Samurindó, das sich in einer Biegung des Atrato eine Anhöhe hinaufzieht, sieht aus wie eine Weihnachtskrippe ohne das Maultier und den Esel, denn im Chocó gibt es, wenigstens in dieser Gegend nicht, kein einziges Last- oder Arbeitstier. Die Dorfbewohner sind Fischer, Kleinbauern und gelegentliche Minenarbeiter. In der Umgebung, auf dem Streifen unbewachsener Erde, wo der Fluß die gierige Invasion des Urwalds verhindert hat, sieht man den Mann, der sein Wurfgarn auswirft, und am Ufer die Frau, die mit ihrer Mulde Gold- und Silberkörner fischt. Es ist Tag für Tag das gleiche Leben: ein halbes Dutzend Fische und vier Gramm Platin, die ein ambulanter Käufer am Samstag für drei Pesos mitnehmen wird.

Das Problem des Problems

Mit seinen neunzehn Hütten rund um die Schule ist Samurindó eine Synthese des Chocó, eines Departements, wo die Schulen wie in diesem Fall größer sind als die Dörfer. Dort kann alle Welt lesen und schreiben und kann jedes beliebige Problem des Chocó erklären, ohne gefragt zu werden, einfach aus der Gewohnheit, daß man es jeden Tag ausspricht. Dadurch, daß sie sie so gut auswendig kennen und so oft vergeblich wiederholt haben, haben sie ihre Argumente und ihre Worte bis zum Überdruß ausgefeilt. Wenn ein Chocóbewohner über die Probleme seines Departements spricht, scheint seine Rede, weil sie so stichfest, brillant und gewählt ist, eine Rede aus Platin.

So begann die Geschichte

In den Dörfern am Atrato und San Juan sieht man von fünf Uhr morgens an vor ihren Haustüren paarweise Kinder sitzen, die skandieren: *Vasco Núñez de Balboa entdeckte den Pazifischen Ozean.* Und wenn jemand sie fragt, antworten sie, die Entdekkung sei an einem Ort im Chocó gemacht worden, wo ein Gesetz von General Uribe einen Obelisk zu errichten befohlen habe, der nie gebaut worden sei.

Das ist der Grund, weshalb jeder Chocóbewohner die Probleme des Chocó auswendig kennt. Weil die Lehrer, die immer aus dem Chocó stammten, die Kinder gelehrt haben, daß die Geschichte unrecht hat, wenn sie sagt, der Pazifik sei in Panama entdeckt worden, und daß sie recht hat, wenn sie sagt, Santa María la Antigua, die erste in Südamerika gegründete Stadt, sei eine Stadt im Chocó gewesen. Jeder Grundschüler ist deshalb in der Lage zu beweisen, daß die Geschichte von Amerika im Chocó beginnt. Weil er es weiß und fühlt, schloß er sich in der vergangenen Woche jener vierhundertstündigen Demonstration an, bei der die Fahne und das Wappen Kolumbiens stets neben der Fahne und dem Wappen von Santa María la Antigua waren. Das Memorandum, das auf dem Weg zur Regierung ist, umfaßt außer der Verkehrsplanung, der Instandsetzung der Häfen und der Technisierung der Landwirtschaft den Wiederaufbau von Santa María la Antigua.

Alle in die Schule

Das unvermeidliche Überlegenheitsgefühl des Chocóbewohners, das er trotz seiner Herzlichkeit und seiner Einfachheit im gesellschaftlichen Verhalten nicht verbergen kann, scheint gerade darauf zu beruhen: daß er wie auch immer, obwohl er früh aufstehen muß, um zu Fuß oder im Kanu mehrere Kilometer zurückzulegen, in eine Schule geht, wo man ihm jeden Tag sagt, sei es in der Stunde für Rechnen oder für Bürgerkunde, warum der Chocó das verlassenste, vergessenste und ärmste von allen Departements ist.

»Hier lernt man das Lesen im Bürgerlichen Gesetzbuch«, sagt jemand, der offensichtlich übertrieb, aber einer anschaulichen Beschreibung der Psychologie des Chocóbewohners nahekam, eines Menschen, der immer in seiner Heimat eingeschlossen gewesen ist und trotzdem nicht viel anders scheint als die übrigen Kolumbianer, solange er keine Rednertribüne betritt.

Die Fundgrube von Rednern

Während der Kampagne, die die Aufgliederung verhindern sollte, kam es zu einer Umkehrung der üblichen Begriffe: Es war die Volksmenge, die die Reden hielt, und die kleine Zahl der für die großen Gelegenheiten reservierten Anführer spielte die Rolle einer minoritären und ausgewählten Zuhörerschaft. In Quibdó, Condoto, Istmina, Nóvita oder Tadó stieg jeder beliebige Bananenträger, der auf den öffentlichen Platz kam und in zwei Worten erfuhr, um was es ging, auf den Balkon, um eine Ansprache zu improvisieren, in der er erklärte, warum der Chocó nicht, wie er es hätte sein sollen, der erste Bananenerzeuger des Landes ist. Und er erklärte es, indem er die Nummer des Gesetzes, durch das der Bau einer Landstraße angeordnet worden war, und den vollständigen Namen des Ministers zitierte, der das Projekt gutgeheißen hatte. Dieselben Männer erschienen im Telegraphenamt und setzten Botschaften an den Präsidenten der Republik auf.

Das Ende der Geduld

Der Lebensweg eines Volkes, das sich für fähig hält, das stolz darauf ist, daß es seine Probleme von Grund auf versteht, und sich nicht betrügen lassen will, obwohl es viele Male betrogen worden ist, ergibt sich daraus, daß es von jeher in der Schule gelernt hat, der Chocó sei eine wichtige, einzige und unteilbare, aber von der Nation vollkommen vergessene Sache. Das Mädchen, das die Gäste im Hotel von Istmina bedient, das zwei Jahre Pädagogik studierte und wegen Geldmangel nicht weiterstudieren konnte, setzte sich in der vergangenen Woche zu den Gästen an den Tisch und sagte: »Wir haben uns gefallen lassen, daß sie uns keine Straßen bauen, daß sie das Platin und alles, was sie wollen, wegnehmen. Aber wir können uns nicht gefallen lassen, daß sie uns zerstückeln und den Hunden vorwerfen.«

Platz für alle

Da die Schulen, obwohl es so viele gibt, nicht ausreichen, um alle Schüler aufzunehmen, hat man an einigen Orten zu dem sinnvollen und praktischen System des Schichtunterrichts gegriffen. Ein Raum wird montags, mittwochs und freitags für die männlichen und dienstags, donnerstags und samstags für die weiblichen Schüler bestimmt. Ein Lehrer und eine Lehrerin unterrichten umschichtig.

Eine Diskriminierung ist unmöglich. Der Sohn der Wäscherin und der Köchin, des Schneiders und des Telegraphisten gehen mit dem Sohn des Bürgermeisters, des Bergarbeiters und des Richters in dieselbe Schule. Um acht Uhr morgens, wenn sie mit ihrer umgehängten Büchertasche und ihrer reifen Banane für die Pause vorbeigehen, weiß man nicht, wer in Chocó wer ist. Es ist ziemlich wahrscheinlich, daß die Klassenunterschiede an keinem Ort des Landes weniger betont sind.

Das volkstümliche Porträt

Wenn Quibdó eine Universität hätte, müßte man das ganze Land vergrößern, damit die Akademiker unterkämen. Es gibt dort eine Oberschule für Jungen und zwei Lehrerseminare für beide Geschlechter. Deshalb gibt es Friseure mit Abitur und Mechaniker und Krämer, die zwei oder drei Jahre in Medellín, Cartagena oder Bogotá auf der Universität waren und wegen Geldmangel nicht zu Ende studieren konnten.

Die Mehrheit sind weibliche Schüler. Die Armut des Departements zwingt den Mann, für die Bedürfnisse der Familie zu sorgen, während die Frau sich einige Stunden für die Hausarbeit reserviert und in die Schule geht, soweit das möglich ist. Das Lehrerinnenseminar in Quibdó kann die Nachfrage nicht befriedigen. Aus ihm gingen die Frauengeschwader hervor, die bei der kürzlichen Bewegung eine entscheidende Rolle spielten.

Obwohl es viele Schulen gibt, reichen die Lehrerstellen nicht aus, um den Bedarf zu decken. Wenn man eine Untersuchung anstellte, würde man feststellen, daß in allen Schulen des Landes Pädagogen aus dem Chocó sind. Und die Näherin, die in einer Strohhütte lebt, die der ganzen Familie zugleich als Wohn- und Schlafraum dient, hat dort neben ihrer Nähmaschine zwischen dem Herz-Jesu-Bild und dem Porträt eines aktuellen Politikers auch ihr Lehrerdiplom. Vielleicht ist deshalb in den Häusern des Chocó, selbst in den bescheidenen, kein Platz für Porträts eines Filmschauspielers.

Das gestürzte Idol

Dieses kulturelle Niveau ist sehr wahrscheinlich der Grund dafür, daß es im Chocó kein Elend gibt. Es gibt eine erschütternde allgemeine Armut, aber es gibt kein Elend. Und der dramatischste Fall ist der von Condoto, einem Dorf mit gewundenen Straßen, mit enormen Holzhäusern, in denen vor zwanzig Jahren von direkt aus China importiertem Tafelgeschirr gegessen wurde und die heute Überreste eines Schiffbruchs zu sein scheinen. Im Hof gleich welchen Hauses in Condoto gräbt man ein Loch, schüttet etwas Wasser hinein und findet Platin. Es ist ein trauriges und ödes Dorf, aber kein elendes Dorf.

Die Leute leben schlecht, essen schlecht und erinnern sich voll Sehnsucht und stummer Erbitterung jener Zeiten, in denen im Dorf ein immerwährendes Fest von Babel war. Die Russen, die Schweden, die Chinesen, alle verzweifelten Abfälle der Welt, die vom Orkan des Platins dorthin getrieben worden waren, gingen unter den leuchtenden Kandelabern jener Häuser durch, in denen Banknoten verbrannt wurden wie in der Bananenzone und in denen man heute nicht tanzen kann aus Angst, daß sie einstürzen.

»Sie werden zu Staub«

An ihre Erinnerungen geklammert, an eine Vergangenheit, deren endgültige Vernichtung sie nicht begreifen können, haben die Einwohner von Condoto sich durch das Elend nicht bezwingen lassen. Sie haben sich nicht damit abgefunden, auf dem Boden zu schlafen. Sie haben nicht zulassen können, daß der Nachbar bemerkt, daß auf dem Herd kein Eintopf kocht. Es ist eine Armut, die die Einwohner von Condoto mit allen Kräften verteidigen, während sie vom Hof aus die behäbigen Lastschiffe mit dem Platin vorbeifahren sehen, das ins Ausland reist.

Dort ging die Vergangenheit nicht einfach davon, wie man überall sieht. Sie wurde von einem dunklen Wirbel der Fatalität fortgerissen. Jeder verschossene und ausgebesserte Stuhl, der in der Ecke steht, kann ein Museumsstück sein, vorausgesetzt, der Hausherr erinnert sich genau daran, welche Leute auf ihm gesessen haben. An den verwitterten Gesimsen der Häuser, mit ihrem hochtrabenden und schwülstigen Stil, erkennt man noch die Hand und den Ehrgeiz des Graveurs, der sich wegen eines Hahns erschießen ließ, obwohl er in den Satteltaschen ein Pfund Platin hatte, das dreißigtausend Pesos kostete.

Die Psychologie der Vergangenheit

Trotz jener harten Erfahrung versucht Condoto weiterhin, die Vergangenheit zurückzuerobern. In jeder Minute des Tages kämpfen seine Bewohner gegen das, was sie für eine gewaltige Ungerechtigkeit halten. Es ist eine Erbitterung, die sie Korn für Korn mit derselben geduldigen Verzweiflung aufhäufen, mit der sie in acht Tagen für einen *castellano** Platin sammeln. Jene verhaltene Rebellion, jener unerbittliche und verbissene Kampf gegen ein widriges Geschick, das sie nicht begreifen können, macht den wesentlichen Kern ihrer Psychologie aus.

In Condoto wie im ganzen übrigen Chocó wünschen sie, daß man sie aus der Isolation befreit, daß man ihnen eine Straße baut, daß man den Zugang zum Meer garantiert. Aber im Grunde denken sie an das Platin. Sie können nicht verstehen, daß unmittelbar vor ihnen, in den Höfen ihrer Häuser, ein Bagger gewaltige Erdmassen bewegt, daß er den Reichtum des Flußbetts freilegt, während sie sich an einen Tisch setzen, der 1918 mit Golddrucken verziert wurde und heute gerade noch dazu dient, ein wenig Reis ohne Zutaten und drei gebratene Bananenscheiben darauf zu essen.

Das letzte, was man verliert

Jene legendenhafte Vergangenheit lernen die Kinder in der Schule. Aber bevor der Lehrer davon erzählt, kennen die Kinder sie schon. Sie erlernen sie zu Hause während der Mahlzeiten, wenn sie aufstehen und wenn sie schlafen gehen. Seit sie denken können, haben sie von nichts anderem sprechen gehört.

* Volkstümliche, im modernen Spanisch veraltete Bezeichnung für eine Goldmünze aus dem Königreich Kastilien. (Anm. d. Hrsg.)

Im ganzen Bergbaugebiet des Chocó spricht man über die Metalle nicht, als ob sie aus dem Boden, sondern aus der Familientruhe geholt würden. Daraus entspringt die Psychologie der Bergbauzentren des Chocó, die bitterarm sind, obwohl ihre Toten in Goldstaub beerdigt sind. Es ist eine andere Psychologie als die der übrigen Gebiete des Departements, wo man über die Metalle wie von einer schönen Erinnerung, aber nicht wie von einer beklemmenden und aufbegehrenden Hoffnung spricht.

Man muß die Zukunft säen

Die das Problem begriffen haben, meinen, daß die Grundschulerziehung im Chocó umgelenkt werden muß. Man muß das Gold und das Platin zurückerobern, sagen sie, aber den Unterricht auf die Landwirtschaft ausrichten. Dann wird die neue Generation vorbereitet sein, um den tatsächlichen Reichtum des Departements auszubeuten, den ihr landwirtschaftliches Potential darstellt, sobald die jetzt versprochenen Bauten verwirklicht sind.

Bislang haben die Schulen eine Losung gelehrt: »Man muß das Platin zurückerobern.« Man hat ein Volk mit Bergarbeiterpsychologie herangezogen, während man auf einer Erde lebt, deren überwältigende Fruchtbarkeit in wenigen Stunden einen Weg zuwachsen läßt.

1. 10. 54

Der Chocó, den Kolumbien nicht kennt, 4

Der nutzlose kolumbianische Platinreichtum

Andagoya, eine gutverwaltete Stadt. Das moralische Problem von Andagoyita. Die schwarze Zone des Chocó heißt Cascote. Energie und Reichtum des Chocó gehören anderen. Das soziale Problem des Chocó. Das Platin und seine mineralischen Reichtümer.

Sehr wenige Kolumbianer wissen, daß sich im Chocó, mitten im Herzen des Urwalds, eine der modernsten Städte des Landes erhebt. Sie heißt Andagoya und liegt an der Ecke des San Juan und des Condoto, hat elektrisches Licht, einen Aquädukt, einen tadellosen Telefondienst, Kais für Schiffe und Motorboote, die der Stadt selbst gehören, und breite und schöne, baumbestandene Straßen. Die kleinen und reinlichen Häuser mit großen eingezäunten Flächen und malerischen Holztreppen vor den Portalen scheinen auf den dichten und sauberen Rasen gesät zu sein. Drinnen atmet man eine hygienische und einladende Luft, und die Küche, die ebenso wie das Eßzimmer, die Speisekammer und die Schlafräume mit allen modernen Bequemlichkeiten ausgestattet ist, ist so blank und still wie das ganze Haus.

Im Zentrum der Stadt befindet sich ein Kasino mit einer Bar, wo man importierte Alkoholika billiger als im restlichen Teil des Landes konsumiert; es gibt Spieltische und ein Restaurant. Die Stadt wird von Menschen aus aller Welt bewohnt. Von einem dicken und sympathischen Italiener, einem Labortechniker, der tagelang von Kühlschränken sprechen kann.

Von Schweden, Nordamerikanern und Engländern und von Kolumbianern, die ihr Heimweh vergessen haben und sich dort wohler fühlen als in der Hauptstadt der Republik.

Da Andagoya eine andersgeartete Stadt ist, hat es seine eigene Polizei, die Ordnung und Leben und Güter und Ehre der Bürger auf Kosten des Stadtverwalters beschützt. Denn diese Stadt hat keinen Bürgermeister, sondern einen Verwalter. Die einzige kolumbianische Autorität, die es dort gibt, ist ein dekorativer Polizeiinspektor, der seinen Ledersitz an den Türrahmen lehnt und sich darauf setzt, um die Bagger an seinem

Büro vorbeifahren zu sehen. Vielleicht ist er der einzige Polizeiinspektor des Landes, der sich langweilt, weil er nichts zu tun hat.

Andagoya ist eine junge Stadt: Es ist keine fünfzig Jahre alt. Eine nordamerikanische Bergwerksgesellschaft, über die man im Lande seit langer Zeit nicht mehr sprechen hört: die Chocó Pacífico, gründete, vergrößerte und verwaltet die Stadt. Das Departement ist derart abgeschnitten und der Vergessenheit überlassen worden, daß sehr wenige Personen sich erinnern, wer das Gold und das Silber ausbeutet, wem es verkauft wird und wohin es geht. In der Praxis ist Andagoya ein internationales Territorium. Eine Stadt privaten Eigentums mit allen gewohnten Schwierigkeiten und Aktivitäten einer modernen Stadt, die aber mit absoluter Genauigkeit, wie ein Uhrwerk, funktioniert.

Seine Einwohner leben gut, essen gut und beklagen sich über nichts. Sie sind Beamte, die dem sicheren und unfehlbaren Verwaltungsmechanismus angepaßt sind, der innerhalb des Stadtgebietes weder ein falsches Teil noch eine abgenutzte Triebfeder hat. Als technische Organisation ist Andagoya die ideale Stadt. Genau das Gegenteil von Andagoyita, dem ärmlichen Dorf am anderen Ufer. Mit Andagoyas menschlichen und materiellen Abfällen gebaut, ist das elende und traurige Andagoyita fast ganz und gar ein Ort des Lasters.

Das verbotene Dorf

Das Dorf besteht aus zwei schmalen, labyrinthischen Straßen, die mit den Rückständen gepflastert sind, die die Bagger abwerfen, nachdem sie die Eingeweide des Condoto zerstückelt haben. Es ist ein Haufen von entsetzlichen, zusammengeballten Hütten, in denen die Frauen von niemand mit fünf Kindern zwischen den Frauen und Kindern der Platinarbeiter leben. Die Hütten sind aus weggeworfenen Brettern gebaut, haben zerbrochene Palmblattdächer und fensterlose Wände. Im ländlichen Knoten von Andagoyita, in dessen Behausungen menschliche Trümmer aus dem ganzen Departement drunter und drüber mit ihren Haustieren leben und sterben, gibt es nicht ein einziges Fenster. Das Innere der Hütten ist schmutzig und erschreckend.

Mittags gehen bei sechsunddreißig Grad Hitze hundertsechs

Mädchen und dreiundsechzig Jungen vorbei in die beiden Schulen oben auf einem Hügel. Wenn die Kinder durch das Steinlabyrinth kommen, halten die Frauen in den engen, mit Illustrierten tapezierten Räumen bei geöffneten Türen ihre Siesta. »Es gibt keine Möglichkeit, das zu ändern«, sagt der junge und ernste Lehrer von Andagoyita, der mit seiner Frau, der Lehrerin, im Dorf wohnt. »Wo auch immer die Kinder entlanggehen, müssen sie durch Korea.« So heißt seit drei Jahren das übervölkerte Viertel des Lasters von Andagoyita, wo es keinen einzigen Gesundheitskontrollposten und auch keine wirkliche Diskriminierung unter den vom Glanz und von der Einsamkeit der Männer in Andagoya angezogenen Frauen, die aus dem ganzen Departement hierher kommen, und den Arbeiterfamilien gibt, die in dem Dorf wohnen, weil sie keinen anderen Platz haben, wo sie leben könnten.

Umkehrung der Tradition

Die Geschichte einer Frau, die allein in Andagoyita lebt, ist in großen Zügen die Geschichte aller hundertachtzig Gefährtinnen, die nach zehn Uhr abends in Kanus oder mit der Seilfähre der Minengesellschaft den Fluß überqueren, um sich an die alleinstehenden Männer heranzumachen. »Manchmal kommen wir mit nichts zurück«, sagen sie. Aber manchmal, besonders wenn der vierzehntägige Lohn ausbezahlt worden ist, kommen sie um fünf Uhr morgens mit genügend Geld zurück, um sich ein Kleid zu kaufen.

So geht ihnen das Leben dahin. Sie sind in Andagoyita und beklagen sich über ihr Schicksal, aber sie überlassen sich ihm, während sie Geld sparen, um sich mit ihren Kindern, »die mir allein gehören«, häuslich einzurichten. Die Dorfleute protestieren und zeigen in Eingaben die unmoralische Atmosphäre auf, in der ihre Kinder aufwachsen. »Unsere Töchter gewöhnen sich daran zu glauben, daß die Frau den Mann suchen muß«, sagen sie. Aber das Problem besteht fort, genauso unberührt wie am ersten Tag.

Die schwarze Zone

Bei Andagoya gibt es noch ein anderes problematisches Viertel auf einem Steinhaufen, wo der Rest der Arbeiter lebt. Man nennt es Cascote, ein Name, den man in der Gegend den unendlichen und unfruchtbaren Steinhaufen gibt, die die Bagger an die Ufer geworfen haben. Es ist eine einzige lange und gewundene Straße mit dem Fluß an einer Seite und mit einer ungeordneten Reihe Holzhäuser, Gemeinschaftswohnungen, die die Gesellschaft für jeweils eine Person baute und in denen die Arbeiter mit ihren Frauen und Kindern leben. Das ist die schwarze Zone des Chocó.

Dort lebt der Vorsitzende der Arbeitergewerkschaft, ein magerer und lebhafter Neger, der um vier Uhr nachmittags mit seinem abgetragenen Overall und seinen Zimmermannswerkzeugen von der Arbeit nach Hause kommt, um sich bis zum nächsten Tag über seine Lage zu beklagen. Dort lebt Ismael Lagarejo, ein melancholischer Alter von zweiundsechzig Jahren, der seit sechsunddreißig Jahren in Andagoya arbeitet und einen Tageslohn von 2,88 Pesos bekommt. Wie sie selbst mit Worten beklommener Erwartung sagen, ist das der Durchschnittslohn eines Arbeiters in der Minengesellschaft.

Tausend Probleme in einem

Andagoya ist das Zentrum des Bergbaugebiets vom Chocó und zugleich das, was dazu beigetragen hat, in der ganzen Region jene drückende Atmosphäre der Erbitterung zu schaffen, die man in jeder Geste, in jedem Wort, in jeder Antwort wahrnimmt. Die Minengesellschaft verwaltet seit dreißig Jahren ein von ihr gebautes Wasserkraftwerk, das alle Dörfer der Region mit Energie beliefert. Die Gesellschaft baute eine private Straße, die in zwei Kilometer Entfernung an Condoto vorbeigeht. Die Gesellschaft durchzieht die Flüsse mit ihren riesigen Baggern, die das Gold und das Platin herausholen und mit dem Schotter die Erde an den Ufern unfruchtbar machen. Das alles und dazu die Armut der Bevölkerung, die sich als Eigentümerin ihrer Metalle fühlt, die die Gesetze auswendig kennt und sie auf ihre Weise auslegt, während sie ihre großen ausgeraubten Flüsse vorbeifließen sieht, haben dazu beigetragen, im Bergbaugebiet des Chocó eine Atmosphäre der Spannung, des dumpfen sozialen Kampfes zu schaffen; ein Gefühl der Ungerechtigkeit und der Erbitterung, das in der Luft lastet, das man mit den Händen berühren kann, in Cascote, in Condoto, in Nóvita, in Tadó, weit und breit im ganzen ausgedehnten und verarmten Reich des Platins.

Licht, mehr Licht

Sehr wahrscheinlich veranlaßt jenes in vielen Jahren herangereifte, mit unverhüllter und ein wenig düsterer Verzweiflung gehegte Ungerechtigkeitsgefühl die Bewohner von Condoto und Istmina zu einer gewissen Übertreibung, wenn sie über das Problem der öffentlichen Beleuchtung sprechen. Die Minengesellschaft, deren Beamte die Delegation von ›El Espectador‹ mit außerordentlicher Liebenswürdigkeit aufnahmen, beliefert die Gemeinden mit Licht. Die Verwaltung obliegt den Gemeinden, die verpflichtet sind, die Installationen zu erwerben, zu montieren und zu überwachen. Gegenwärtig kommt nur ein kleiner Teil von Condoto in den Genuß der Elektrizität. »Sie wollen uns nicht mehr Licht geben«, sagen die Einwohner von Condoto. »Sie machen mit dem Licht, was sie wollen«, sagen die von Istmina und erinnern daran, daß die Ortschaft kürzlich drei Monate lang kein Licht hatte, weil die Stromverteilungszentralen repariert wurden. Der Kampf ist zäh und beharrlich und hat eine Atmosphäre unerträglicher Spannung geschaffen.

Die endlose Auseinandersetzung

Die Bewohner des Bergbaugebietes vom Chocó, die in stetigem Kampf mit der Armut leben, können sich ihre klägliche Lage nicht erklären: Sie wollen nicht akzeptieren, daß ihre Dörfer im Halbdunkel liegen, während ein Fluß des Chocó tausend Kilowatt Strom erzeugt. »Die Gesellschaft weigert sich, uns mehr als fünfundzwanzig Kilowatt zu geben«, sagen sie, während die Gesellschaft behauptet, daß Strom verschwendet wird, weil die Installationen schadhaft sind.

Kürzlich bat die Gemeindeverwaltung von Condoto, dessen umsichtiger und emsiger Bürgermeister versichert, die dortigen Installationen seien nicht schadhaft, die Gesellschaft um Techniker, die das lokale Stromnetz überprüfen sollten. Die Gesellschaft war einverstanden, aber nur, wenn die Gemeinde sich verpflichtete, sechshundert Pesos für die Revision zu bezahlen. Die Gegensätze verschärften sich und werden von Tag zu Tag bedrohlicher. Keine Seite will nachgeben. Die Bewohner des Bergbaugebietes, die, wie man es allen Chocóbewohnern nachsagt, ebenfalls »das Lesen im Bürgerlichen Gesetzbuch lernen«, lassen nur eine Lösung zu: daß die Nation das Wasserkraftwerk enteignet, das seit dreißig Jahren von der Chocó Pacífico verwaltet wird. Dies ist, zusammengefaßt, das Problem der elektrischen Energie, das das gefährlichste soziale Problem des Chocó zu sein scheint.

Nach dem Bagger die Sintflut

Diejenigen, die außerhalb des Departements sagen hören, daß man in jedem Hof von Condoto nur zu graben braucht und Platin findet, fragen sich, warum die Leute in Condoto nicht davon leben, daß sie die Mine in ihrem eigenen Hof ausbeuten. Tatsache ist, daß man, wenn man von sechs Uhr morgens bis sechs Uhr abends gräbt, nicht einmal für zwei Pesos Platin gewinnt. Entlang aller bodenschatzhaltigen Flüsse des Chocó *barequean* – so nennen die Chocóbewohner die primitive Gold- und Platingewinnung durch Aussieben – Männer und Frauen auf der Suche nach den glänzenden Körnern, die sich in ihrer Mulde absetzen. Es ist eine beharrliche, erschöpfende Arbeit, von der die halbe Bevölkerung lebt, obwohl man seit vielen Jahren weiß, daß das *barequeo* nicht genug einbringt, um davon leben zu können.

Zu Beginn des Jahrhunderts, als man nur das Gold aussuchte und das Platin verachtete, das seit den Zeiten der Eroberung als »unreifes Gold« galt, wurden die Männer und Frauen durch das *barequeo* reich. Der Reichtum lag an der Oberfläche, bevor es in Condoto zu der bekannten Episode mit der »Wurzel« kam, als die ganze Bevölkerung in der skandalösesten Rauferei, an die man sich erinnern kann, eine Woche lang Kürbisgefäße voller Gold herausholte, das sich unten an einer Wurzel abgelagert hatte. Danach kamen die Bagger, »in den Zeiten, als es General Reyes einfiel, das Land zu verschenken«, wie man in Quibdó sagt, und trugen den oberflächlichen Reichtum ab. Jetzt ist das Metall, das die *barequeros* finden, tiefliegendes Metall, das die Bagger bei ihrer Arbeit verstreuen. *2. 10. 54*

›Christine‹

Ein vielleicht zu normaler deutscher Film: ›Christine‹, mit einer guten Schauspielerin, an deren Namen man sich nicht allzu schwer erinnert: Barbara Rütting. In der mittelmäßigen deutschen Produktion ist dieser Film ein Zeichen guten Willens, dem man gerechterweise für den Fall, daß es eine Kursänderung anzeigt, Aufmerksamkeit schenken muß.

Das Schlimmste für die Unternehmer des deutschen Films ist, daß ihre Filme nicht bedeutend genug sind, um in anspruchsvollen Zuschauerkreisen akzeptiert zu werden, und daß ihre Darsteller weder hinreichend bekannt, noch deren Namen einfach genug aussprechbar sind, um das breite Publikum zu interessieren. Man darf sich nicht einbilden, der deutsche Film könnte mit solchen Namen einer Marilyn Monroe oder einer Silvana Pampanini Geltung verschaffen, so daß seine Zukunft auf den amerikanischen Märkten ausschließlich von seiner Qualität abhängt, auch wenn er nicht ein so gutes Geschäft wie der Film aus Hollywood ist.

›Christine‹ ist noch kein großer Film, aber er ragt über die Mittelmäßigkeit hinaus, weil er sorgfältig gestaltet ist und ihm nicht die billige Melodramatik der früheren deutschen Filme anhaftet. Sein Mangel ist die Länge, sind die gedehnten Passagen, in denen nichts geschieht und die Handlung nicht vorankommt, aber Barbara Rüttings schauspielerische Leistung ist recht beachtlich und die Regie umständlich und glanzlos, aber korrekt und gewissenhaft. *27. 11. 54*

Eine Zweieinhalb-Centavomünze

Die Einwohner von Cartagena leiden weiterhin unter der Unbequemlichkeit eines ausgefallenen Geldsystems, das die Stadtverwaltung zum ausschließlichen Nutzen der Autobuspassagiere erfunden hat und das nach und nach in der ganzen Stadt zu einer gängigen Währung wird. Die Geschichte ist bekannt, aber so originell, daß man sie in großen Zügen noch einmal wiedergeben kann: Die Stadtverwaltung von Cartagena hat jeden Benutzer des städtischen Omnibusdienstes mit einer Steuer von zweieinhalb Centavos belegt. Die Transportunternehmen kassieren für jede Fahrt zehn Centavos, was zusammen mit den zweieinhalb der Steuer zwölfeinhalb Centavos macht. Die geistreiche Methode, die die Stadtverwaltung sich ausgedacht hat, um die Bezahlung der zweieinhalb Centavos zu sichern, war die Schöpfung eines Zweieinhalb-Centavoscheins, den der Fahrgast vom Busfahrer als Wechselgeld auf fünfzehn bar bezahlte Centavos herausbekommt. Bei Vorlegung dieses Scheins zahlt die Stadtkasse dem Fahrgast die zweieinhalb Centavos in bar aus. Aber da auch das theoretisch ist, muß der Fahrgast zusehen, daß er zu zwei Scheinen kommt, um sie bei der Stadtkasse gegen fünf Centavos einzutauschen. Er muß zwei Scheine haben, unbedingt zwei. Oder vier oder irgendeine andere gerade Zahl, denn leider ist es der Stadtkasse noch nicht eingefallen, einen Schein von einem halben Centavo auszugeben, um denjenigen den Bruchteil ergänzen zu können, die eine ungerade Zahl Scheine eintauschen wollen. Ein schönes Durcheinander.

Natürlich verwandeln sich die berühmten Zweieinhalb-Centavoscheine allmählich in gängige Münze. Wer einen Einkauf im Wert von fünf Centavos macht, kann mit drei Scheinen bezahlen, und der Ladeninhaber nimmt sie deshalb an, weil er bei dem Geschäft zweieinhalb Centavos für die einfache Arbeit verdient, bei der Stadtkasse Schlange zu stehen. Und während sich auf diese Weise das Währungssystem von Cartagena kompliziert, meinen die geduldigen Bewohner der Hauptstadt von Bolívar, die sich nicht die Mühe machen, zwei oder drei Stunden an der Stadtkasse zu warten, um fünf Centavos zurückzufordern, daß die schlichte Wahrheit keine andere ist als die: daß man in Cartagena, obwohl die Busfahrt zwölfeinhalb Centavos kostet, fünfzehn Centavos haben muß, um den Bus zu benutzen. Oder auf Schusters Rappen reiten, was unbequemer ist, aber wenigstens die ganzen arithmetischen Schwierigkeiten erspart.

7. 12. 54

Die Zeit hielt an

In England, wo die Menschen, nicht jedoch die Institutionen versagen, ist das Uhrwerk von Big Ben – des größten Benjamins der Welt – eine Institution, die zwar während des Krieges unter den erbarmungslosen Bombardierungen nicht ein einziges Mal versagte, allerdings im Frieden versagt zu haben scheint, nämlich ein Opfer des Schnees wurde. Dieses vorübergehende Mißgeschick muß ein harter Schlag für die sprichwörtliche Pünktlichkeit der Engländer gewesen sein, deren Leben mit dem komplexen, empfindlichen und unfehlbaren Mechanismus von Big Ben scheinbar synchronisiert ist.

Irgendwie ist es jedesmal, wenn die große Uhr aufgezogen wird, als ob die Stadt London aufgezogen würde und insbesondere alle und jeder einzelne der britischen Bürger, die von Kindheit an wie ihre Eltern und die Eltern ihrer Eltern ihren Tee beim fünften und klaren Glockenschlag von Big Ben zu sich nehmen.

Fünf Stunden lang war es in London 2.35, während der Schnee den enormen Minutenzeiger blockierte. Man kann nicht annehmen – das wäre ein Frevel! –, daß das schlechte Wetter den Gang der einzigen Uhr der Welt durcheinanderbrachte, die wirklich funktioniert, »als ob sie eine Uhr wäre«, sondern daß in Wahrheit gestern in London die Zeit fünf Stunden lang stehenblieb.

Big Ben tat nichts anderes als seine Pflicht, als er seinen Gang übereinstimmend mit jener Pause der Zeit anhielt, die auch das Recht hat, hin und wieder durcheinanderzugeraten, entzweizugehen, wie es die Uhren tun. Wenn irgendein Mechanismus stehenbleibt, muß man annehmen, daß es der Mechanismus ist, der schlecht funktioniert. Aber wenn Big Ben stehenbleibt, muß man zu Recht annehmen, daß es die Zeit ist, die stehenblieb. So müssen es die Engländer verstanden haben und vor allem die Engländerinnen, die seit gestern morgen gewiß fünf Stunden von ihrem Alter abziehen, und sich bei Mr. Aldous Huxley bedanken, dem englischen Schriftsteller, der seinen Wunsch, die Zeit müsse enden, erfüllt gesehen hat. *15. 1. 55*

Der Tiger von Aracataca

Aracataca im Bananenanbaugebiet von Santa Marta hat nicht häufig Gelegenheit, in Druckschrift herauszukommen, und das nicht etwa, weil den Setzmaschinen die A ausgehen könnten, sondern weil es eine ihrer Gewohnheit lebende, friedliche Ortschaft ist, seitdem der grüne Bananenansturm vorbei ist. In diesen Tagen tauchte ihr Name wieder in den Zeitungen auf, und seine fünf wiederholten und hämmernden Vokale werden mit den zwei Silben eines Tigers verbunden, der möglicherweise einer von den *tres tristes tigres*, den drei traurigen Tigern des bekannten Zungenbrechers ist, der nun in den Zungenbrecher von Aracataca gesteckt worden ist.

Auch wenn die Meldung vom Tiger in Aracataca wahr ist, was sie zweifellos ist, scheint sie es doch nicht zu sein. In Aracataca gibt es keine Tiger, und wer das gesagt hat, hat mehr Gründe als genug, es zu wissen. Die Tiger der Gegend starben vor vielen Jahren aus, sie wurden verkauft, um an verschiedenen Orten der Welt Teppiche herzustellen, zu einer Zeit, als Aracataca ein kosmopolitischer Ort war, in dem niemand vom Pferd stieg, um einen Fünfpesoschein aufzuheben. Danach, als das Bananenfieber zu Ende war und die Chinesen, Russen, Engländer und Emigranten aus aller Welt woandershin gingen, ließen sie keine Spuren der früheren Pracht zurück, aber auch keine Tiger. In Aracataca ließen sie nichts zurück.

Trotzdem würde es sich lohnen, wenn die Geschichte vom Tiger zuträfe, damit die Setzmaschinen von neuem fünfmal denselben Buchstaben wiederholen und jemand sich wieder an Aracataca erinnert – die Heimat von Radragaz*, wie ein professioneller Witzemacher gesagt hat – und jemand an es denkt, wie man früher oder später an alle Gemeinden Kolumbiens denkt, sogar an die, deren Namen nicht so schwer zu vergessen sind.

Man muß sich an Aracataca erinnern, bevor der Tiger es auffrißt.

1. 2. 55

* Verballhornung von Rodrigez. (Anm. d. Hrsg.)

›Umberto D.‹

Dies ist die Geschichte eines armen Mannes. Vittorio de Sica und Cesare Zavattini entschieden, daß er Italiener sein und Umberto Domenico Ferrari heißen sollte. Aber die Nationalität und der Name sind in diesem Falle allein durch die Umstände bedingte Elemente: An beliebigen Orten der Welt – vielleicht überall – gibt es heutzutage diese Gestalt, die mit ihrem Hund durch die Straßen spazierengeht und von einer ungeheuren Würde ist, die ihr Drama nicht erkennen läßt. De Sica und Zavattini sind durch die Hintertür in das Leben von Umberto Domenico Ferrari eingedrungen, haben ihn überrumpelt und eine einfache, grausam wahre, auf der Kehrseite der Würde erzählte Geschichte herausgearbeitet. So haben sie mitteilen können, was in der heutigen Gesellschaft ein würdiger Mensch, ein anständiger Mensch ist und was er bedeutet, und sie haben anschaulich gemacht, daß die Tugend dramatischer ist als die Sittenlosigkeit.

Es liegt ein tiefgehender Unterschied zwischen der Geschichte von Umberto D. und der Art und Weise, wie sie erzählt wird; beides sind verschiedene Verdienste des Films, aber gerade ihr Zusammenwirken macht ihn zu einem unsterblichen Werk, zu dem Meisterstück der Filmgeschichte. Die Geschichte von Umberto D. ist gültig, weil sie echt ist, sie ist echt, weil sie menschlich ist. Wenn sie menschlicher wäre als das Leben eines Menschen, wäre sie eine falsche Geschichte. Ihre Größe liegt darin, daß sie so lebensecht ist. Indes besteht eine gewaltige Entfernung zwischen der Konzeption und der Erzählung der Geschichte. Und Cesare Zavattinis großartige geistige Leistung, nämlich die Geschichte von Umberto Domenico Ferrari zu entwerfen und auszuarbeiten, fand ihre vollendete Entsprechung in der Art, wie sie erzählt wurde.

Eine lebensechte Geschichte mußte nach derselben Methode erzählt werden, die das Leben benutzt: indem man jeder Minute, jeder Sekunde die Bedeutung eines entscheidenden Ereignisses gab. De Sica und Zavattini haben das Drama in unendlich kleine Zeitspannen aufgeteilt, das ungeheure Pathos aufgezeigt, das in der einfachen Handlung des Zubettgehens, des Heimkehrens, in der schlichten, unvermeidlichen und überaus wichtigen Tatsache liegt, eine Sekunde zu existieren. Seltsamerweise erreicht diese unergründliche Konzeption der Filmkunst ihren Höhepunkt in keinem der Momente von Umberto Domenico Ferrari – dem Träger des Dramas –, sondern in der Sequenz des Erwachens des schwangeren Dienstmädchens; jede seiner unmerklichen, nutzlosen, aber schon unvermeidlichen Bewegungen ist eine kostbare Verausgabung von Leben, die nicht übersehen werden kann.

Die Literaturkenner müssen sich zwangsläufig an Joyce erinnert haben. Die Filmkenner müssen sich zwangsläufig an sämtliche gesehenen Filme erinnert haben und zu dem Schluß gekommen sein, daß es nicht nutzlos war, so viele schlechte, so viele mittelmäßige, so viele gute und sogar außergewöhnliche Filme gesehen zu haben, wenn das eine unumgängliche Voraussetzung dafür war, daß die menschliche Gattung ›Umberto D.‹ schuf, ein Kunstwerk, das die menschliche Gattung ehrt.

5. 2. 55

Der überlebende Schiffbrüchige verbrachte die elf Tage auf einem zerbrechlichen Floß

Wie die Freundin und die Verwandten des Matrosen Velasco die Nachricht erhielten

Die Familie von Luis Alejandro Velasco lebt in Bogotá, im Hause Nr. 24–24 Süd, Carrera 20, im Viertel Olaya. Die Familie besteht aus dem Vater, Alfredo Velasco, einem einundfünfzigjährigen Baumeister, der vor zwölf Jahren das Haus baute, in dem er wohnt; Emilia Martínez de Velasco, seiner zweiten Ehefrau – die er vor zwei Jahren heiratete –, mit der er eine vier Monate alte Tochter, Luz Stella, hat. Eine weitere Hausbewohnerin ist Dolores de Zipa, vierundzwanzig Jahre alt, verheiratet, die im Hause gegenüber, wo das einzige Telefon des Blocks – 66962 – ist, nähen lernt. Zwei Familienmitglieder leben nicht im Hause: Luis Alejandro, der bis gestern für tot gehaltene Matrose, und die vierzehnjährige María Luisa, die die einzige Person ist, die bis gestern glaubte, er lebe, weil ihr niemand die Nachricht von dem Unglück ins Internat der Schule »La Presentación« in Ubaté gebracht hatte, wo sie die vierte Mittelschulklasse besucht. Beide sind Kinder aus der ersten Ehe.

In einem der Räume des Hauses von Alfredo Velasco befindet sich eine Schuhmacherei. Der Schuhmacher war der erste, der merkte, daß Luis Alejandro Velasco nicht tot war, weil er jemanden, der vorbeikam, sagen hörte, jemand habe zu jemandem gesagt, daß er es im Radio gehört habe. Doch dem Schuhmacher blieb keine Zeit, der Familie um dreizehn Uhr fünfundvierzig die Nachricht zu überbringen, weil Dolores de Zipa sie im selben Augenblick im Hause gegenüber von ihrem Vater erfuhr. Ihr Vater übermittelte sie ihr von irgendeinem Ort in der Stadt, wo er sie im Radio gehört hatte, aber er rief weniger deshalb zu Hause an, um die Nachricht durchzugeben, sondern vielmehr um darum zu bitten, daß man ihm Kleidung zum Flughafen schickte, weil er nach Cartagena reisen wollte, was er auch tat.

Die Schokolade des Glücks

Als Dolores de Zipa jedoch die Straße überquerte und ihrer Stiefmutter, die seit fünf Tagen wegen einer Erkältung das Bett hütete, die Nachricht überbrachte, kannte ihre Stiefmutter die Nachricht schon. Das ganze Viertel kannte sie, und das halbe Viertel war gekommen, um sie ihr mitzuteilen, obwohl Don Alfredo Velascos Frau einen Rundfunkempfänger auf dem Nachttisch stehen hat. Nur daß sie ihn, seit man erfuhr, daß Luis Alejandro ein Unglück zugestoßen war, nicht mehr anstellte, um Musik, sondern um Nachrichten zu hören, und als man die Hoffnung, ihn zu finden, aufgab, stellte sie den Apparat nicht wieder an, weder um Musik noch um Nachrichten zu hören. Das Haus trauerte seit Dienstag vergangener Woche. Und gestern trauerte es auch noch, nachdem man wußte, daß Luis Alejandro sich gerettet hatte, weil unter der ungeheuren Wirkung der guten Nachricht niemand daran gedacht hatte, geräuschvoll seine Freude zu äußern, noch seine Kleidung zu wechseln. Die einzige ungewöhnliche Äußerung, die man beobachtete, war die, daß Doña Emilia Martínez de Velasco, die seit zwölf Tagen den Appetit verloren hatte, sich im Bett aufrichtete, ihren schwarzen Pullover zurechtzog und eine Tasse Schokolade und ein Stück Brot ohne Butter verlangte.

Alles ist dasselbe

Trotzdem war Luis Alejandro Velascos Familie, obgleich sie es nicht geräuschvoll zeigte, vor Glück etwas betäubt. Es war, als ob eine Leiche sich im Sarg aufgerichtet hätte: Im Hause herrschte eine Freude, in der sich Schrecken mit Verwirrung mischte. Don Alfredo Velasco schickte seiner Frau vom Marinekommando aus mehrere telefonische Botschaften, damit seine Frau wüßte, daß es ihm gutging, während er auf das Flugzeug wartete, das ihn nach Cartagena bringen sollte. Die Frau von gegenüber brachte die Botschaften und kehrte mit einer anderen zurück, während Frau Velascos enger, dunkler und vollgestopfter Alkoven sich mit Besuchern, Leuten aus der Nachbarschaft, füllte, die kamen, um ihre Mitfreude zu äußern. Und sie äußerten sie weinend, als ob es sich um einen Beileidsbesuch handelte.

Die farbigen Strümpfe

Die Nachricht von der Rettung war dem ganzen Viertel bekannt. Die von dem Unglück dagegen erfuhr Luis Alejandros Stiefmutter am Dienstag vergangener Woche früher als alle anderen im ganzen Viertel, weil ein Marineoffizier kam, um sie ihr persönlich mitzuteilen. Darauf geschah etwas so Ähnliches wie gestern. Die schlimme Nachricht löste keine geräuschvollen Äußerungen aus. Die Familie wartete auf weitere Nachrichten. Sie verfolgte begierig den Ablauf der Ereignisse, so wie die Zeitungen darüber berichteten. Als der Marineoffizier das Haus verließ, kleideten Frau Velasco und ihre Stieftochter sich in Schwarz, aber sie verloren nicht die Hoffnung. Am Mittwoch gingen sie, obwohl sie die Hoffnung noch nicht aufgegeben hatten, zur Kirche San Agustín, um das Totenamt zu bestellen, aber in San Agustín konnten bis April keine Totenämter mehr angenommen werden. Darauf gingen sie zum Kloster der Schwestern von Santa Clara gleich um die Ecke und bezahlten fünf Pesos, damit die Schwestern die neun Nächte beteten.

Am Sonntag – als schon alle Hoffnung verloren war – beschlossen Frau Velasco und ihre Stieftochter, nach Ubaté zu gehen, um der kleinen María Luisa die Nachricht mitzuteilen, aber sie trugen farbige Strümpfe, um sie nicht im voraus zu erschrecken. Unterwegs beschlossen sie, María Luisa, die, als sie sie sah, fragte, »ob Luis nicht geschrieben habe«, nichts zu sagen. Sie antworteten mit Nein und daß er noch nicht aus den Vereinigten Staaten zurück sei. Und später, als sie im Garten der Schule »La Presentación« spazierengingen, machte María Luisa ihnen ein Geständnis: »Als ich euch so in Schwarz gekleidet sah, erschrak ich, weil ich glaubte, Papa sei etwas passiert. Aber dann sah ich eure farbigen Strümpfe.«

Die Briefe des Matrosen

Luis Alejandro Velasco schrieb seit dem 15. Februar 1953, als er in die Marine eintrat, jede Woche nach Hause. Und er schrieb nicht nur nach Hause: Er schrieb an verschiedene Familien des Viertels, die ihn seit seiner Geburt kannten, und an Clarita Silva, seine zeitweilige Freundin, die etwas weiter entfernt im Viertel Urdaneta Arbeláez wohnt. Wie alle Matrosen hatte er die Angewohnheit, zahlreiche Fotos zu schicken: Fotos von ihm in Uniform, neben einem Auto, das er zusammen mit drei Freunden gekauft hat; oder auf der Wache neben der Kanone an den Mauern von Cartagena oder einfach an einen Anker gelehnt. Dieses letzte schickte er Clarita Silva in einem der zwei Briefe, die er ihr wöchentlich und mit absoluter Regelmäßigkeit bis vor drei Monaten schrieb, als er den Briefwechsel unverhofft abbrach. »Er ist sehr stolz«, sagt Clarita Silva, aber sie weigert sich zu erklären, welcher Zusammenhang zwischen dem Stolz ihres Freundes und der Unterbrechung des Briefwechsels besteht.

Zwölf Stunden Tanz

In Olaya – einem ruhigen Viertel im Süden der Stadt – hatte die Nachricht von Luis Alejandros Rettung eine besondere Bedeutung: Am Samstag wird es Tanz geben. Tanz unter Nachbarn wie in den Dörfern, der gewissermaßen eine Tradition fortsetzt, die Luis Alejandro eingeführt hat, ein Junge von stattlicher Erscheinung, fröhlich und herzlich, der zwölf Stunden lang ununterbrochen tanzen kann. Seit er im dritten Mittelschuljahr die Schule verließ, war er der Organisator der Tanzveranstaltungen im Viertel Olaya. Als er nach Cali ging, um mit seinem Vater auf einer Baustelle zu arbeiten, schrieb er seinen Freunden in Olaya über das Tanzen in Cali. Als er nach Medellín ging, schrieb er ihnen über das Tanzen in Medellín. Seit er nach Cartagena ging, weiß jeder Freund, der einen Brief von ihm erhält, daß in diesem Brief unvermeidlich vom Tanzen in Cartagena die Rede ist. Bis zum 24. November war er in Mobile, Vereinigte Staaten, bei der Besatzung des Zerstörers »Caldas«, und das einzige, was ihm an Nordamerika nicht gefiel, war, daß man dort nicht so oft tanzte wie in Cartagena, wohin er unterwegs war, als das Unglück geschah.

Clarita

Gestern mittag war Clarita Silva die einzige Person, die nicht die Hoffnung aufgegeben hatte, daß Luis Alejandro gerettet würde. Als ein Redakteur von ›El Espectador‹ sie um achtzehn Uhr dreißig am Tor der Konfektionsfabrik – Straße 18 Ecke Carrera 7 –, wo sie arbeitet, erwartete, um ihr die fünfte Ausgabe dieser Zeitung zu zeigen – in der die Nachricht erschien –, kannte Clarita Silva sie nicht. Aber als sie sie erfuhr, äußerte sie keine Freude, sondern Erschütterung. Da stellte sich heraus, daß Luis Alejandro ihr seit drei Monaten nicht mehr geschrieben hatte, sie aber trotzdem an jedem der letzten zehn Tage zur *Virgen del Perpetuo Socorro* gebetet hatte, damit der Matrose wieder auftauche. Sie hielt das Erscheinen des Matrosen schlicht für ein Wunder, das unweigerlich geschehen mußte.

»Und was werden Sie jetzt tun?« fragte man sie.

»Nun, darauf warten, daß er kommt.«

Und wie jeden Tag wartete sie, als ob nichts passiert wäre, an der Ecke Carrera 4 und Straße 18, auf den gelben Bus zum Viertel Olaya. Aber sie ging direkt zu Luis Alejandro Velascos Haus.

12. 3. 55

›Johnny Guitar‹

Dieser Film, Produktion »Republic«, ist eine Anhäufung aller alten und abgenutzten Gemeinplätze der schlechtesten Wildwestfilme. Sterling Hayden spielt die Hauptrolle als herumziehender Gitarrespieler und ist der beste Schütze des Westens, der sich in ein nichtssagendes Leben zurückgezogen hat und ein wenig sentimental ist. Joan Crawford, die große Schauspielerin aus früheren Zeiten, die immerhin noch nicht so weit zurückliegen, daß sie so tief hätte sinken müssen, ist die ewige als Mann verkleidete Frau der Wildwestfilme, mit dem Revolver am Gurt, mit unanständigen Wörtern und einer gut verheimlichten sentimentalen Tragödie, die im passenden Augenblick ans Licht kommt.

Wie in allen schlechten Western gibt es eine Räuberbande, die die Postkutsche überfällt. Sie lebt in einem Tal, das hinter einem Wasserfall verborgen ist. Es gibt ein Etablissement mit Branntwein und Roulette, wo eines Tages die Eisenbahnlinie vorbeigehen wird und das in der Zwischenzeit der Schauplatz aller Streitereien zwischen den Guten und den Bösen ist, die von Anfang an sehr gut gekennzeichnet sind.

Natürlich gibt es eine Lampe im Strohschober und einen Schuß, der die Lampe zerschlägt und den Strohschober in Brand setzt. Viele Schüsse, viele Faustschläge und nichts dahinter, nur daß alles in einer ausgezeichneten Farbe – »Trucolor« – geschildert ist, die anscheinend bessere plastische und chromatische Möglichkeiten bietet als Technicolor.

Die leidenschaftliche Frau ist nicht, wie man hätte meinen können, Joan Crawford, sondern eine Schauspielerin erbärmlichster Kategorie, die bei dem Versuch, ihre Rolle zu spielen, nichts anderes tut, als sich lächerlich zu machen. So daß Joan Crawford eine Nebenrolle zufällt, und der zweifellos gute Schauspieler Sterling Hayden weiß nicht, was er mit seinem großen Körper eines gelangweilten Riesen anfangen soll.

Mit ein bißchen Sinn für Humor ist dieser Film ein gutes Lustspiel, das mit dem größten Ernst der Welt hergestellt wurde. Er ist eine Synthese aller »Republic«-Serien, die unfreiwillig von einem Regisseur lächerlich gemacht werden, der sich seinen Lebensunterhalt mit dem Schreiben von Texten für Comics verdienen könnte.

26. 3. 55

›Die Faust im Nacken‹

Der Filmklub zeigte in seiner Dienstagsvorstellung den neuesten Film von Elia Kazan: ›Die Faust im Nacken‹, mit Marlon Brando, Eva Marie Saint und Lee J. Cobb. Es handelt sich um die filmische Bearbeitung einer Artikelserie über das gefahrvolle Leben an den Kais von New York, die vor einigen Jahren von Malcolm Johnson, dem bekannten Verfasser des Romans ›Warum rennt der kleine Samuel?‹, veröffentlicht wurde. Die Bearbeitung stammt von Budd Schulberg, einem der besten Drehbuchautoren der Gegenwart, und der Regisseur von ›Endstation Sehnsucht‹ und ›Viva Zapata‹ verfilmte sie mit einer Akribie, die ›Die Faust im Nacken‹ zu einem Film macht, in dem alle zusammenwirkenden Elemente einen seltenen Grad von Perfektion erreichen.

Es ist die Geschichte von Terry, einem jungen Exboxer mit komplexer Psychologie – schüchtern, frustriert und sentimental –, und sie scheint ziemlich genau der Psychologie seines Interpreten, Marlon Brando, zu entsprechen. Im Grunde ist es ein Gangsterdrama. Aber eben nur im Grunde, denn die Stärke und der Sinn des Films beruhen im wesentlichen auf Terrys psychologischer Wandlung. Eine Wandlung, die durch rein sentimentale und nicht durch religiöse Faktoren angeregt wird, wie es in einer oberflächlichen Analyse erscheinen könnte.

Die treibende Kraft in dem psychologischen Drama dieses sonderbaren Jungen, dessen Charakter nicht der eines Stauers ist, ist in Wirklichkeit seine Freundin, die von der Anfängerin Eva Marie Saint glänzend dargestellt wird. Terry ist als einziger Mann an den Kais imstande, Tauben zu züchten. Das ist ein wesentliches Detail. Und ein noch wichtigeres, wenn man berücksichtigt, daß er den Taubenschlag von einer im Film nicht analysierten Gestalt – Eddies Bruder – geerbt hat, die in den ersten Szenen aus denselben Gründen ermordet wird, aus denen Terry wenige Tage später mit dem Tode bedroht wird, nachdem er versucht hat, die Gangster zu denunzieren. Vermutlich war Eddies Bruder psychologisch ebenso wie die von Marlon Brando dargestellte Person, mit ebensoviel Zartheit, um Tauben zu züchten und sich zu verlieben, und mit ebensoviel Mut und Empörung, um die Machenschaften einer Organisation zu denunzieren, die in schändlicher Weise die Stauergewerkschaft ausbeutet.

Derartig konzipiert, ist das Drama ›Die Faust im Nacken‹ eher ein psychologisches als ein soziales Drama, obwohl dieser Meister des Films Elia Kazan es verstanden hat, den harten sozialen Rahmen, in dem es sich entwickelt und der es durch den Kontrast poetischer macht, so einzubeziehen, daß er in keiner Weise zurücksteht. Kein einziger Mitarbeiter des Regisseurs verfehlt die Absicht des Films. Die Musik von Bernstein – die schöne und unvergeßliche Musik von Bernstein, eines der bedeutendsten Verdienste des Films – läßt keine Unklarheit über die Vorsätze des Dramas aufkommen. Es ist eine Musik von gewaltiger innerer Kraft, ein wenig romantisch, besonders im Kontrapunkt zu den Liebesszenen und den Szenen mit den Tauben. Boris Kaufmanns kluge, stark kontrastierte Fotografie mit ihrer schonungslosen Ausdruckskraft ist viel mehr das visuelle Äquivalent zu Terrys psychologischem Drama als zur gewalttätigen Atmosphäre der Gangster. Ein Faden verborgener und echter Poesie durchläuft das ganze Drama und findet sich sogar in dem Lärm, dem durchdringenden Lärm der Kais von New York, die in ›Die Faust im Nacken‹ eine vortreffliche dramatische Funktion übernommen haben. Niemand hat den Vorsatz verfehlt, in Bildern ein inneres Drama zu schildern, das zugleich zart und von Gewalt durchzogen ist. Und das Vorhaben ist mit einer seltenen Vollendung verwirklicht worden, die ›Die Faust im Nacken‹ zu einem Meisterwerk der Filmkunst macht.

Eine andere Sache ist es, daß die Bearbeiter von Malcolm Johnsons Werk an der sozialen Anekdote festhalten wollten und dadurch die Moral etwas unklar geworden ist. Die Präsenz von Pater Barry, der auf seine Gemeinde von Gangstern und Stauern wie zugeschnitten scheint, hat nur anekdotischen Wert. Die Gestalt ist überzeugend und echt dank der erstaunlichen Geschicklichkeit Elia Kazans, der ihr Atmosphäre zu geben verstand und verblüffendes Können bewies, als er für diese Rolle einen Schauspieler wählte, dessen Gesicht und Temperament mehr vom Gangster haben als die Gangster selbst: Karl Malden. Aber anzunehmen, Pater Barry sei der Motor des Dramas, hieße die darstellerischen Absichten mißdeuten. Vom streng dramatischen Gesichtspunkt aus ist die Gestalt überflüssig. Das Erstaunliche ist, daß Elia Kazan sie mit so viel Ausdruckskraft und so viel Glaubwürdigkeit in den erzählerischen Komplex einzufügen vermochte, daß sie zu einem seiner Bestandteile geworden ist. Aber nicht zu einem seiner wesentlichen Bestandteile.

Der Schlüssel für Terrys psychologische Wandlung ist die

Freundin. Eine Freundin, die eng verbunden, fast verschmolzen ist mit Terrys Gewissensproblem, demselben, das zur Ermordung von Eddies Bruder führte. Eine Freundin, die zugleich seinen Drang teilt, sich von einer Gangsterbande zu befreien, der Terrys eigener Bruder angehört und die für sein eigenes Scheitern als Boxer verantwortlich war. Als das innere Drama des Exboxers seinen Höhepunkt erreicht, ist es einzig und allein sein Bruder, der ihn zurückhält. Dieses Gefühl entspricht folgerichtig seiner Psychologie. Als sein Bruder das Opfer der Gangster wird, schwinden alle Hemmungen, die Organisation zu denunzieren, die erst seinen Schwager und dann seinen Bruder tötete, und er fühlt sich völlig befreit. Es wäre natürlich gewesen, daß Terry sich mit seinen Gegnern geschossen hätte. Pater Barrys Intervention verhindert das, und der natürliche Höhepunkt des Dramas wird augenblicklich hinfällig.

Augenblicklich, denn der wirkliche Ausgang von ›Die Faust im Nacken‹ obliegt den Gestalten des sozialen Rahmens, die erst im letzten Moment aktiv werden. Am Rande, aber vollkommen in Terrys Drama eingefügt, liegt das soziale Problem der Stauer von New York unter der Herrschaft der Gangster, die die Gewerkschaft in ihrer Gewalt haben. Kein einziger Stauer wagt auszusagen, und solange das nicht geschieht, ist die Befreiung unmöglich. Es zeigt sich, daß die Justiz machtlos ist, solange die Stauer nicht anfangen, den Gerichten Beweise vorzulegen. Nur das solidarische und mutige Handeln der Arbeiter wird das Problem lösen. Terrys Beispiel befreit die Arbeiter von der panischen Angst, und einen Augenblick lang scheint es, als ob die Einigkeit und die Stärke der Arbeiter die angeschlagene soziale Organisation zersprengen und die Stauer ihre Rechte durchsetzen werden. Aber Elia Kazan fand einen realitätsnahen Ausgang: Die Lösung ist für den Augenblick, weil das System bestehenbleibt. Der Anführer der Bande sagte es deutlich vor Gericht, als Terry seine mutige Anklage vorbrachte: »Du wirst von New Orleans bis New York keine Arbeit finden.« Es steht eindeutig fest, daß die Organisation alle Kais der Vereinigten Staaten beherrscht. In der Schlußszene hebt sich eine Gestalt hervor, in der man schon den Nachfolger des vernichteten Gangsters ahnt. Es gibt keine endgültige Lösung. Denn Kazan mußte wissen, daß ein soziales Problem wie dieses in einer einfachen Rebellion keine endgültig Lösung finden würde. Das Ende ist schmerzhaft lebenswahr.

Es wäre zu aufwendig – und in diesem Falle unnütz –, bei den technischen Aspekten von ›Die Faust im Nacken‹ zu verweilen. Dieser Gesichtspunkt läßt sich in einem Begriff zusammenfassen: Es handelt sich um einen mit erstaunlicher Perfektion hergestellten Film.

6. 4. 55

Das Drama von 3000 vertriebenen kolumbianischen Kindern

Wie die Streitkräfte die kleinen Opfer in den Wohltätigkeitsheimen verteilen. Der »Pavillon Tolima« in Bogotá. Kinder, die nichts über das Schicksal ihrer Eltern wissen. Zehn Kinder aus Villarico zwischen acht und zehn Jahren flohen aus dem »Amparo«.

Militärflugzeuge verbreiteten am 4. April im Osten Tolimas ein Rundschreiben des Kommandos der Truppenabteilung von Sumapaz: »Von heute an ist«, hieß es in dem Rundschreiben, »bis auf Widerruf der ganze Osten Tolimas in die Zone militärischer Operationen einbezogen.« Die Maßnahme wurde wegen der ernsten Lage der öffentlichen Ordnung in jenem Gebiet getroffen. Im neuralgischen Zentrum des Problems befanden sich Villarica, eines der bevorzugten Kaffeeanbaugebiete des Landes, und die Ortschaft Villarica selbst, mit ihrem riesigen, unebenen, mit kleinen Steinen gepflasterten Platz, ihren dunklen, ruinierten Läden und ihren dreitausend Kindern. Als der Ausnahmezustand erklärt wurde, war Villarica schon seit langem eine sterbende Ortschaft. Alle Einwohner litten unter den Folgen der Situation. Der Handel war zugrunde gerichtet. Die Sperrstunde war seit mehreren Monaten in Kraft, und eine erhebliche Anzahl von Familien hatte den Weg des freiwilligen Exodus gewählt. Vom ersten Augenblick an wurden insbesondere die Kinder von Villarica zu Opfern der Situation: Die öffentliche Schule, ein Ziegelsteinbau, der kräftig eigelbfarben angestrichen war und drei Blöcke vom Hauptplatz entfernt auf einer Anhöhe stand, wurde als Kaserne hergerichtet. Die Schülerschaft verteilte sich auf Privathäuser, die als improvisierte Schulen dienten.

Die erste Nachricht

Vom 4. April, als die Zone militärischer Operationen geschaffen wurde, bis zum 15. desselben Monats erhielt man aus Villarica keine Nachricht, die nicht aus offizieller Quelle stammte. Am 15. wurde der feste Ring der Militärkontrolle in der von der Gewalt betroffenen Zone durchbrochen, und man erfuhr, daß tausendzweihundert Exilierte aus Villarica auf fünfunddreißig

Lastwagen des Heeres in Ibagué angekommen waren. Im Rahmen des Operationsplans war die Ortschaft Villarica evakuiert und die Bevölkerung hauptsächlich nach Buenos Aires, Ibagué und Ambalema übergeführt worden. »Natürlich«, schrieb ein Korrespondent in der Hauptstadt Tolimas, »sind die Szenen erschütternd, weil Tausende von Evakuierten eintreffen, ohne daß sie Zeit gehabt haben, ihre Sachen mitzunehmen. Sie sind notdürftig gekleidet, und ihre Gesichter tragen die Spuren des Schreckens.« Dort im Strom der vertriebenen Einwohner waren auch die Kinder von Villarica. Vier Tage später begab sich der Korrespondent von ›El Espectador‹ in Ibagué nach Ambalema, dreihundert Kilometer von Villarica entfernt, und schrieb einen erschütternden Bericht über die Vertriebenen. Nach der Mobilmachung war dies die erste Nachricht über die Kinder von Villarica: Allein in Ambalema befanden sich über vierhundert.

Das Drama des Exils

Unter den Kindern, die der Korrespondent von ›El Espectador‹ in Ambalema ausmachen konnte, waren dreißig Waisen. Die anderen waren in der Obhut ihrer Eltern, die sich weigerten, sich von ihnen zu trennen. Einige litten bei ihrer Ankunft unter Darmkatarrh und wurden von den Ärzten der Streitkräfte behandelt. In den Höfen des großen Kolonialhauses der Faktorei gaben einige Mütter ihren halbnackten Kindern die Brust. Und unter ihnen war die vierundzwanzigjährige Rosa María Avilán, die die beiden jüngsten Kinder von Villarica in ihren Armen hielt: einen Jungen und ein Mädchen, dreizehn Tage alte Zwillinge.

Der kleine Bucklige

Es ist unmöglich, die Spur jedes einzelnen der aus der betroffenen Zone vertriebenen Kinder zu verfolgen. Laut zuverlässigen Informationen wurden infolge der Gewalt dreitausend Kinder zu Waisen. Andere, deren Eltern leben, sind in verschiedene Wohltätigkeitseinrichtungen eingeliefert worden, weil ihre Eltern nicht in der Lage sind, für ihren Unterhalt zu sorgen. Zur Zeit verteilen die Streitkräfte exilierte Kinder unter den Wohlfahrtseinrichtungen, die sich besonders mit der Kinderfürsorge befassen. Viele von den kleinen Vertriebenen befinden sich in Ibagué. Andere sind noch in Ambalema und Fusagasugá und warten darauf, daß ihre Situation geregelt wird. Und dreihundert befinden sich im »Amparo de Niños«, dem in Bogotá von Doña María Michelsen de López gegründeten Waisenhaus. Einige dieser dreihundert Kinder haben keine Personalien. Sie sind kaum alt genug, um sich verständlich zu machen. Sie kennen weder ihre Herkunft noch den Namen und das Schicksal ihrer Eltern. Eines der Kinder, ein kleiner Buckliger von zwölf Jahren, kam tuberkulös im »Amparo de Niños« an.

Der »Pavillon von Tolima«

Die von Doña María Michelsen de López gegründete Stiftung hat nur für siebenhundert Kinder Platz. Sie kommen aus dem ganzen Land. Aber seit zwei Monaten ist die zahlreichste Kolonie die von Tolima. Da sind, verwirrt, erschreckt, noch unter der Wirkung der gewaltsamen Erschütterung, die Kinder Castellano, die Kinder Melendro, die Kinder Caicedo, die Kinder Iriarte und die unzähligen Kinder López – dies sind die Familiennamen, unter denen sie eingetragen wurden – aus der Gegend von Sumapaz. Zu jeder Tag- und Nachtstunde sind diese Kinder im Heim eingetroffen, von Angehörigen der Streitkräfte gefahren und mit einer Order des Gouverneurs von Tolima, sie in der Stiftung aufzunehmen. Die Quote ist überzogen: Zur Zeit sind dort neunhundertfünfzig Kinder. Dreihundert davon, die als letzte im »Amparo de Niños« angekommen sind, sind in einem besonderen Pavillon, dem Pavillon Tolima, untergebracht worden.

Um mit Eigennamen zu erzählen

Jeder Fall ist ein besonderer Fall und ist anders. Aber für die Gesamtheit gibt es eine gemeinsame Bezeichnung: »Opfer der Gewalt.« Das jüngste dieser Opfer, Helí Rodríguez, ist zwei Jahre alt. Er kann kaum seinen Namen sagen. Er weiß von nichts. Er hat nicht die geringste Ahnung, wo er sich befindet. Er weiß weder warum noch wie, noch wann man ihn hergebracht hat. Er weiß nichts über den Verbleib seiner Eltern und zeigt nicht die geringste Regung, wenn man ihn fragt, ob er glaubt, daß sein Vater oder seine Mutter kommen werden, um ihn zu holen.

Einer der älteren Jungen dagegen, der mit seinen Eltern in der Gegend von Roble, nahe bei Villarica, lebte, weiß, daß sein Vater vor über zwei Monaten nicht mehr nach Hause zurückkehrte. Er lebte weiterhin allein mit seiner Mutter in der Hütte auf der Parzelle, wo sie Gemüse und Kaffee anbauten. Eines Tages im vergangenen Monat, an welchem, weiß der Junge nicht genau, kehrte auch seine Mutter nicht nach Hause zurück. Als die Evakuierung stattfand, wurde er nach Ambalema und von dort nach Bogotá übergeführt. Da er dreizehn Jahre alt ist, weiß er, warum man ihn nach »Amparo de Niños« gebracht hat und daß er seine Mutter nie wiedersehen wird. Und er weiß auch, daß er im nächsten Jahr das Asyl verlassen muß und auf sich selbst gestellt sein wird, weil die Vorschriften verbieten, Kinder über vierzehn Jahren dort zu haben.

Achtzig Centavos für alles

Bei all ihrem Unglück ist das Unglück der Kinder, die im »Amparo« unterkommen konnten, noch das kleinste. Dort haben sie unter weiteren siebenhundert Kindern aus dem ganzen Land ein Bett mit guten Decken im Pavillon Tolima vorgefunden, den der dynamische Pater Castillo, der Direktor der Anstalt, hat improvisieren können. Aber diese dreihundert Kinder sind eine Minderheit. Es gibt weitere zweitausend Kinder, die die Streitkräfte auf verschiedene Orte des Landes verteilen und die vielleicht nicht jeden Tag ihren Maisbrei und ihre Bohnen vorfinden, die man ihnen im »Amparo« vorsetzt, obwohl die Küche nicht leistungsfähig genug ist, um tausend Esser zu versorgen. Gestern nachmittag um vier Uhr versagte einer der Kohleöfen wegen akuter Überlastung. Um ihn zu reparieren, muß Pater Castillo auf seinen knappen Etat zurückgreifen: achtzig Centavos, die ihm die Regierung pro Tag für jedes Kind zur Verfügung stellt.

Wo sind diese Kinder?

Bei einem Besuch im »Amparo de Niños« merkt man, daß die Lage der öffentlichen Ordnung die Psychologie der älteren

Kinder erheblich beeinflußt hat. Viele von ihnen warten hoffnungsvoll darauf, daß ihre Eltern kommen, um sie zu holen. Sie tragen die Kleidung von Bauernjungen aus warmen Gegenden – Drillichhose und Baumwollhemd – und schützen sich mit einem natürlichen Mantel vor der Kälte: Sie laufen durch die Höfe, die Treppe der drei Stockwerke der Stiftung hinauf und hinunter.

Aber der »Amparo« hat keine Mittel, um sich eine strenge Aufsicht leisten zu können. Eine Sache ist es, an eine Zahl zu denken: tausend Kinder; und eine andere ist es, tausend im Hof losgelassene Kinder zu beaufsichtigen, die auf die Besucher zulaufen, um sie zu fragen, ob ihre Eltern kommen werden, um sie zu holen. Die einen vermischen sich mit den anderen. Aber gewöhnlich beteiligen sich die älteren, in vereinzelten Gruppen, nicht am allgemeinen Durcheinander. Pater Castillo weiß, daß sie es sind, die man beaufsichtigen muß. In der vergangenen Woche floh eine Gruppe von zehn Exilierten aus Villarica zwischen acht und zehn Jahren aus der Anstalt, um zu ihren Eltern zurückzukehren. Gestern floh eine weitere. Auf die Frage an einen der Jungen aus Villarica über die Pläne seiner geflohenen Gefährten antwortete dieser: »Sie hatten kein Geld bei sich. Sie wollten zum Zug gehen und sich dort verstecken, um nach Tolima zurückzukehren.«

Bis heute hat man nichts von den Kindern gehört, die aus dem »Amparo« geflohen sind, um zu ihren Eltern zurückzukehren.

Eine düstere Zukunft

Wenn man den Fall der dreihundert aus Villarica evakuierten Kinder untersucht, die sich im »Amparo de Niños« befinden, begreift man, daß sie dort mehrere Jahre lang leben, essen und schlafen können. Einige – nicht alle, weil die Werkstätten sie nicht fassen können – erlernen die Grundbegriffe der Mechanik, der Gießerei und der Gerberei. Aber sobald sie vierzehn Jahre alt sind, werden sie auf die Straße gesetzt, teils, weil die Vorschriften es so verfügen, teils, weil man dann den Platz für andere, kleinere Kinder benötigt. Wer von allen exilierten Kindern aus Villarica am längsten im »Amparo« bleiben wird, ist Helí Rodríguez, der noch zwölf Jahre vor sich hat, um den Schutz des Asyls zu genießen. Er wird lesen, beten und singen lernen. Er wird die Grundregeln des Benehmens und die Grundbegriffe des Gießerberufs erlernen. Aber in zwölf Jahren, wenn er vierzehn ist, wird Helí Rodríguez auf die Straße müssen, um sich seinen Lebensunterhalt zu verdienen. Unter solchen Umständen ist das Wahrscheinlichste und auch das Undramatischste, was ihm passieren kann, daß er verhungert oder ein Jugendrichter ihn in eine Besserungsanstalt schickt. *6. 5. 55*

Gabriel Garcia Márquez
Die Erzählungen

Titel der Originalausgabe:
Ojos de perro azul / Los funerales de la Mamá Grande / La increíble y triste historia de la cándida Eréndira y de su abuela desalmada
Aus dem kolumbianischen Spanisch
von Curt Meyer-Clason
KiWi 222

Alle Erzählungen von Gabriel García Márquez in einem Band.
Grotesk verzerrt, phantastisch überhöht, erzählt García Márquez in seinen Geschichten von Gewalt, Tod und Einsamkeit, von der ewigen Wiederkehr der Dinge und von der unentrinnbaren Zeit.

Gabriel García Márquez im dtv

Laubsturm
Drei Menschen sitzen im Haus eines Selbstmörders und lassen in wechselnden Monologen die Vergangenheit an sich vorüberziehen. dtv 1432

Der Herbst des Patriarchen
García Márquez zeigt Allmacht und Schwäche einer Staatsmacht, die den Mangel an Legitimität mit Gewalt kompensiert. dtv 1537

Der Oberst hat niemand, der ihm schreibt
Ein kaltgestellter Oberst in einem kolumbianischen Dorf erkennt in seinem Hahn das Symbol der Hoffnung und des Widerstands. dtv 1601

Die böse Stunde
Anonyme Schmähschriften bringen Unruhe in ein kolumbianisches Urwalddorf. Es kommt zu einer Schießerei. dtv 1717

Augen eines blauen Hundes
In diesen Erzählungen sind Einsamkeit und Tod allgegenwärtig, die Dimensionen Raum und Zeit weitgehend außer Kraft gesetzt. dtv 10154

Hundert Jahre Einsamkeit
Die Geschichte vom Aufstieg und Niedergang der Familie Buendía und ihres Dorfes Macondo. dtv 10249

Die Geiselnahme
Ein sandinistisches Guerillakommando preßt politische Gefangene aus den Folterkammern des Somoza-Regimes frei. dtv 10295

Bericht eines Schiffbrüchigen
Zehn Tage Hunger und Durst auf einem Floß allein in der Karibik, ständig in Angst vor den Haien. Eine wahre Geschichte. dtv 10376

Chronik eines angekündigten Todes
Zwei Brüder beschließen, den angeblichen Verführer ihrer Schwester zu töten. Das Dorf sieht zu. dtv 10564

Das Leichenbegängnis der Großen Mama
Acht Erzählungen. dtv 10880

Die unglaubliche und traurige Geschichte von der einfältigen Eréndira und ihrer herzlosen Großmutter
Sieben Erzählungen. dtv 10881

Die Giraffe von Barranquilla
Journalistische Arbeiten 1948–1952
dtv 11355

Die Liebe in den Zeiten der Cholera
Über fünfzig Jahre hat Florentino auf seine Jugendliebe gewartet ...
dtv 11360

Gudrun Pausewang im dtv

Foto: Kraufmann + Scheerer

Die Freiheit des Ramon Acosta

Der »Aussteiger« Ramon Acosta versucht mit seiner Freundin im Urwald zu überleben. Doch das Paradies wird zur Hölle...
dtv 10122

Kinderbesuch

Ein deutsches Ehepaar besucht seine in Südamerika lebende Tochter. Tief beeindruckt vom Reichtum des Schwiegersohns, stehen sie der Armut und dem Elend rund um das vornehme Villenviertel verständnislos gegenüber. Als sie eines Tages allein zu Hause sind, öffnen sie einem kleinen bettelnden Mädchen die Tür ... dtv 10676

Guadalupe

Ein Mann treibt, an einem Baum geklammert, den großen Urwaldfluß hinab. Ein anderer rettet den schon Besinnungslosen. Erst später entdecken sie, daß sie eigentlich Feinde sind: Ihre Heimatländer liegen miteinander im Krieg ...
dtv 10788

Der Weg nach Tongay

Durch eine südamerikanische Wüstenlandschaft führt der Weg einer alten Drehorgelspielerin. Fast Unmenschliches fordert ihr diese Reise ab, auf der sie ein hergelaufener Hund begleitet, der zu ihrem ganzen Lebensinhalt wird.
dtv 10854

Pepe Amado

Die unglaubliche Geschichte eines Schwarzen in Südamerika, der wie ein Sklave gehalten wird, bis man ihm eines Tages einen Vulkan »schenkt«. Ein modernes Märchen, das von der Lüge und der Hoffnung auf Veränderung erzählt. dtv 11088

Aufstieg und Untergang der Insel Delphina

In den ersten dreihundert Jahren, nachdem Delphina aus dem Karibischen Meer aufgetaucht ist, geschieht dort fast nichts, in den folgenden dreihundert Jahren bis zu ihrem Untergang um so mehr ...
dtv 11218